野外文化教育としての体験活動

野外文化人のすすめ

森田勇造

三和書籍

はじめに

知恵ある人類は、有史以来未知なるものの発見と発明に日夜努力と工夫を重ねて社会的発展を続けてきたが、今日の豊かで合理的な文明社会に対応する能力は、変化があまりにも急なので、まだ十分に開発されてはいない。そのせいか、科学・技術の作り出す変化の激しい社会的現象に翻弄され、不安と不信にかられて迷いながら生活をしている人が多くなっている。しかも、国際化による価値観の多様化や合理化等による不透明な社会情勢から利己主義者が多くなり、格差の多い不信社会になってもいる。そのうえ、ＩＴ革命による情報化が進んで時間と空間が圧縮され、全てが合理的で都合よくなってはいるが、インターネットのとりこになっている青少年たちにどう手を差しのべてやるのかなどの、人間的な面についてはまだ未知の世界である。

宇宙に浮いているわれらが青い地球には、六六億もの人々が、一九二カ国（平成二十年現在）の地域に分かれて暮らしているが、今日の日本ほど、科学的文明の恩恵を画一的にこうむって、平和で豊かな社会生活のできている統合された国はどこにもない。

その日本で生まれ育つ子どもたちの教育のあり方を、いろいろな方々が、多種多様に語っているが、その大半が、明治以後続いている、先進欧米諸国に追いつけ追い越せ式の知識・技能を習得させる学校の教科書による教育を中心とする、学力向上主義によるものである。

しかし、世界の尖端を切る統合された文明国日本に住む人々は、今や世界各国の人々に先がけて、人類がかつて経験してこなかった豊かな文明社会に生まれ育つ少年たちを、一般的なよりよい社会人に育む、新しい教育のあり方を模索する使命があるのではないだろうか。

私は、これまでに地球上の多くの国を踏査しながら、日本で青少年教育活動を続けてきたが、科学的文明社会に対応する少年教育には、合理的な教科書による教育と、非合理的な体験的教育の両輪が必要なことを痛感させられた。特に今日の日本のように情報文明の洪水に溺れかけている青少年をよりよい社会人に育成するには、古より家庭や地域社会で実践されてきた素朴な体験活動がより効果的なようである。

そこで、学校教育における学力向上やエリート教育に関しては、多くの方々が書物をたくさん出版されているし、周知のことでもあるので、ここでは説明を省き、これから大変重要になると思われる、少年期の体験的教育としての〝体験活動〟について、新しい教育観による野外文化教育学的な見地から記述することにした。

ここで言う〝体験活動〟は、これまでのような野外レクリエーション的なキャンプ活動や、林間・臨海学校および近代的なスポーツ、職業訓練的なことではない。今日の日本が画一的に突入している科学的文明社会に対応する少年教育に必要になってきた、一般的社会人の基礎・基本を培う野外文化教育としての〝体験活動〟である。

このような社会人の基礎・基本としての〝生きる力〟や〝感じる心〟を培うための体験活動については、文部科学省をはじめとする各省庁、教育界、政界、経済界においても、六～七年前から人づくり、人材育成の面から注目され、啓発はされていたが、理論も方法もはっきりしないままキャンペーン倒れになりがちだった。やっと具体的に動き始めた平成二十年度が、体験活動事始の年であると言えるだろう。

私は、この四一年間にわたって、合理的で平和な文明社会に対応する少年教育としての体験活動を実践してきたし、多くの講演や大学での講義、そして著書等を通してその重要性を啓発してもきた。そうした体験知を、これからの科学的文明社会における社会人準備教育、特に少年教育に少しでも役立てることができればと思い、これまでの講演や著書等で発表した資料を集めて、ここに「野外文化教育としての体験活動」の一冊にまとめることにした。多くの方々の目に触れることを願うとともに、読者の皆さんのご批判を乞う。

森田　勇造

野外文化教育としての体験活動——目次

第2章　野外文化教育としての体験活動

第3章　体験活動の目標と指導

第4章 生活体験の実践

第１章

文明化に対応する野外文化教育

一・科学・技術的な文明化に弱い人類

子どもは、いつの時代にも大人のまねをして、迷いながら成人し、自分たちの時代性を形成してゆくものだが、現代の大人は、日進月歩の文明化社会に適応するために、子どもたち以上に迷い、学んでいるので、社会人としての自信と誇りが弱く、見習う目標とはなっていない。だから子どもたちは、身近なテレビや漫画、インターネット、その他で表現される世界に近づこう、まねしようとしている。

大人に見本を求めることのできない孤独な子どもたちの不安や不満が、いじめ、殺人、暴力、非行、薬物濫用、援助交際等になって現れがちである。何より、現代の情報化社会で生まれ育った子どもたちは、間接情報と疑似体験が多く、個人的な世界に埋没しがちなので、知識や技能を教えると同時に、生きるための知恵や技術を伝えるために、野外で他と共に行動する体験活動が必要になっている。

「奉仕」とは、社会や人に尽くすことを意味するが、「教育」とは、教えて知能をつけ、望ましい姿に変化させることであり、社会人に必要な基本的能力（野外文化）の養成を目的として行われる訓練のことである。

十四歳以下の子どもたちは、まだ親や大人から庇護され、基本的能力が育成されている時期なので、あまり奉仕をさせる必要はない。それよりも、社会人の基礎・基本をしっかり身につけさせ、心身を安全に培ってやる体験的な教育が大切なのである。少年期の早くから、意味もよく理解しないで奉仕活動をさせると、大人になってから食傷気味になり、結果的にはあまり奉仕をしない傾向が強くなる。

私たちの活力や創造力、忍耐力、判断力、行動力、決断力等は、多くの実行実例を併せ持つことによって培われるもので、知識の詰め込みによるものではない。これからの文明社会の子どもたちもしておかねばならない共同体験は、生活に必要な生活労働と野外で遊ぶことである。

六〜七歳から十二〜三歳までの子どもたちが野外でよく遊ぶのは、心身を一人前にする準備として必要な訓練である。それを体験させることなくして、言葉や文字、視聴覚機器等で道徳や生活文化等を伝えることは至難の業だ。

人間の不便と貧困に対する能力は、すでに遺伝子に組み込まれているので強いのだが、豊かさと文明社会に対してはまだ経験が浅いので、心身共に弱い。

文明化に弱い心の状態として、不安、不満、孤独、気力減退、情緒不安定等がある。また、体の方は、病気がちで、肥満、体力減退等をもたらす。

情緒不安定になると、気力が減退し、忍耐力がなく、孤独がちでいらいらし、すぐキレるので、人間関係をうまく築いていくことができない。また、防衛体力が弱く、反射神経が鈍いという特徴が出てくる。

これまでの人類の歴史は、古代からずっと右肩上がりの発展志向で進んできた。子どもたちは、常に大人の発展志向の犠牲になってきたが、同時にそれを跳ねのけるだけのいろいろな体験を持っていた。

ところが、ここ三十数年来の日本では、少年期にこうした社会的犠牲をはねのけるだけの体験が、十分に行われてはいなかった。

二．生きるための社会と教育

近年、科学・技術は人類史上かつてないほどの速さで発展を遂げているが、人間には変わる部分と変わらない部分がある。大人はこれらの調和をはかることができるが、子どもにはまだ十分に対応する力はない。問題は、科学・技術が作り出す結果的社会現象と、変われない子どもの本質との調和である。調和を取ることができるように知恵や力を貸してやるのが、大人と教育者の役目であり、その方法の一つが体験的教育としての体験活動である。

(一) 社会のあり方

私たちは、社会を営むにおいて、いつの時代にも次の四つのとらえ方が必要である。

○変えてはいけないこと

○変わらないであろうこと
○変わるであろうこと
○変えなくてはならないこと

私たちが生きる目的は、よりよく生きることであり、これはいかなる時代にも変わらない。テレビやインターネット等の文明機器によって生活の仕方は変化してきたが、文明化や経済活動は生活をより便宜的にする手段であって、生きる目的ではない。

時代の流れと共に変化する合理化や機械化は生きる手段であり、いつの時代にも変わらない主体は人間である。

例えば、文章を考え、作る主体は人間であり、それを表現する道具が鉛筆やワープロであり、伝達する方法や手段が本や雑誌や新聞、インターネット、コンピューター等であるが、それらは常に変化する。

社会は常に変化する面と変化し難い面があるので、社会のあり方から分類すると、変化しやすい発展的（文明的）あり方と、変化し難い安定・継続的（文化的）あり方の二つの型がある。

①発展的（文明的）あり方

社会のあり方を変えなくてはならない、変わるであろう立場でとらえることは、人類が右肩上がりの文明的発展を促してきた進歩の過程に必要なことであった。明治以後の日本は、文明的に発展的あり方を推進してきた。特に戦後の日本では伝統文化を否定し、全てが変化する方向で社会が営まれてきた。そのため、現代の日本人にとっては、全てが変わるであろう発展的あり方が一般的であり、学校教育はその手段でもある。

変えなければならないこととは技術。例えば携帯電話やコンピューターの技術は日進月歩。そして、変わるであろうことは、知識、情報、技術、法律等である。法律は時の権力が決めるもので、社会的な絶対的善とは言えない。

②安定・継続的（文化的）あり方

社会生活に必要なもので、変えてはいけないこと、変わらないであろうことは、社会の安定・継続になくてはならない文化的あり方で、より多くの人々に共通する心得であり、ごく当たり前のことである。それはまた、道徳とか習慣、常識等と呼ばれる日常生活の知恵であり、自然と共に生きる社会人の基本的能力（野外文化）を意味することで、人類に共通する文化でもある。

社会の変わらないであろうことは、生きぬくことと道徳であり、変えてはいけないことはよりよく生きることと信頼である。

いつの時代にも、この変わらないであろう社会人の基本的能力を青少年に伝えることが、社会人準備教育であり、地域社会での社会人育成事業の目的であるが、今日のように、あまりにも変化の激しい社会現象の中では、社会人育成（社会化教育）の目的を忘れがちになって、限定期間の擬制社会である学校教育だけが目的化しやすくなり、受験や就職などの身近な目標の進学・進級に必要な学力重視になりがちである。しかし、学校は九年から一六年間であるが、人生は七〇〜九〇年も続き、大変長い。

これからの国際化する文明社会においては、社会化や生きる力について考える新しい教育観による人づくりの必要条件として、ごく当たり前の日常的なことである生活文化を身につけるために、家庭や地域社会に代わって行う体験的教育が必要になってきた。

(二) 教育の社会的目的

社会にとって最も重要な少年教育、すなわち社会人準備教育の目的には、変わるため（文明的）と、変わらないため（文化的）の二つがある。

①変わるための教育

社会が右肩上がりに発展するために必要な知識や技能は、日進月歩で常に変化している。私たちは社会の発展を拒否することはできないので、文明化に必要な発展的発想による教育がなくてはならない。

日本は、明治五（一八七二）年に近代的学校教育制度を導入し、欧米に追いつき追い越すための新しい知識と技術を教育する、変わるための教育を重視してきた。それが学校を中心とする知識偏重教育であり、小中学校においては今も世界一のレベルを誇っている。日本の学校教育は、社会が発展し、変化するために必要な、変わるための教育が中心であった。

②変わらないための教育

社会が安定・継続するために重要な文化は、社会の共有化が必要で、なかなか変わらない、変わり難いものである。社会生活を安全に安心して営むためには、社会化に必要な文化的教育が必要だ。日本は、鎌倉や室町時代の古くから家庭のしつけや生活体験、地域社会での若者組や遊び、祭りと年中行事、自然体験、奉仕体験等による、民俗的な文化教育が世界で最も早くから進んでいた国であった。そのためにお互いが生活文化を共有しやすく、天皇を中心とする統合された信頼社会の形成に大いに役立ち、社会が安定し、継続してきた。

その上、道徳心が一般化していたので、近代的学校教育制度が世界一充実し、社会の発展を促し、何より生活文化の共有化によって治安がよく保たれ、安定した信頼社会になった。しかし、太平洋戦争が終わった昭和二十年八月以後は、民主化の名の下に家庭や地域社会の教育力が衰退し、昭和四十年頃から発展的な変わるための学校教育が中心となり、アメリカ的な多文化主義が主流となって、変わらないための社会化に必要な生活文化の教育がおざなりになった。そこで、昭和五十年代前半頃から学校教育でも社会の安定・継続に必要な、変わらないための文化的教育、社会人準備教育としての「生きる力」や「感じる心」等の重要性が叫ばれ始めた。

今日の日本は文明的には非常に発展し、豊かな国になったが、社会が安定・継続するのに必要な変わらないための社会人準備教育・社会化教育が忘れられていたため、文化的には共有化が希薄になり、利己的な不信社会で不安定な状態になっている。

三、少年期に習得させる基礎・基本

(一) 少年期の社会的認識

「少年」について辞書を引くと〝年若い男女〟とある。心身の完成に達していない男女のことを指して少年としているので、ここでは少女も含めた日本語とする。

少年とは、心身の完成の期に達していない人とか、年の若い人、若者、しかも男女を指し、子どもとか児童と言うこともある。

昭和二十二年にできた児童福祉法では、小学一年生から十八歳までを少年としている。昭和二十三年にできた少年法では、満二十歳までとしていた。ところが、科学・技術が発展し、少年がその発展的社会現象につれて心理的に変化したことにより、犯罪が非常に低年齢化した結果、平成十三年には十四歳未満を少年とするように改正された。さらに犯罪の低年齢化が進み、平成十九年五月には、なんと十二歳未満を少年とするように改正された。しかし、ここでは、人間の発達段階や社会化、文化、その他諸々のことを考慮して、六歳から十四歳までを少年とする。

六歳から十四歳までの少年期は、社会性や人間性の基礎・基本が培われる最も重要な時期なので、六～十歳までの前半期と、十一～十四歳までの後半期に分けて考えることが必要である。

ここで言う社会性とは、風俗・習慣・道徳・言葉・安全や衛生感等個人の社会的あり方であり、人間性とは正直・親切・信頼・忍耐・活力等の個人の特性・性質のことである。

(二) 習得させたい内容

少年期は、心身の成長が著しいので、野外で仲間と共に群れて遊ぶことによって、まず守る立場の集団化（規則・競争・義務）、次に守られる立場の個人化（自由・平等・権利）について学習し、心と体の両面の育成が必要である。また、この時期には人間性や社会性のみならず、言語能力、情操感、道徳心等に強く影響し、積極性や意欲の基礎が培われるので、自発的な意志によって行動する活動性が望まれる。そこで、習得させるべき心身の基礎・基本の内容を具体的にすると次のようになる。

①前半期に習得させるべきこと
○体によいものを食べる習慣
○安全・衛生等の概念
○自立心（自分のことは自分ですること）
○野外でよく遊ぶ習慣
○よく眠る習慣
○規則正しい生活
○防衛体力（外部の変化に適応し、体に害のある肉体的・精神的刺激である、ストレスに耐える力のことで、暑さ、寒さ、湿度、日光、細菌感染、精神的苦痛、疲労、睡眠不足、飢餓感等に耐える力）

②後半期に習得させるべきこと
○情緒・情操等のこころ
○自然体験や生活体験等、共同体験を通しての協力・協調の心得、社会性
○忍耐力

○行動体力（走る、跳ぶ、投げる、打つ等の動作と、これらを複合した運動のできる体力）

前半期には、仲間づくりの基本である集団化の知恵（絆）と勘を身につけさせ、自分自身を守る生きる力を培わせる、心身の基礎を培う行動が中心で育成的要素が強く、後半期には、集団の中の自分は何者なのかを考える個人化（自我の覚醒）の知識・技能を身につけて、善悪を社会的に判断する基準である道徳による社会性を培わせる、心身の基本的な機能を向上させる訓練的・教育的要素が強い。

これらを言葉や文字、視聴覚機器等によって身につけさせることは難しい。しかし、他と共に群れ遊んだり、自然や生活体験をしたり、協力や励まし合い等をすることによって自然に身につく。こうした体験の機会と場が少ないまま少年期を過ごした人は、心身の基礎・基本が十分には培われていないので、知識・技術はあっても、情緒不安定で、社会性や人間性に欠ける傾向が強い。

いかなる時代にも、社会生活に安全・安心を感じるには、まずは少年期に自分の考えや行動の基盤を築いて、「こうしていれば大丈夫」という生活習慣としての生活文化を身につけておくことが大切だ。

四．少年教育は社会人準備教育

（二）社会人準備教育の必要性

人は生まれながらに社会的な動物ではないのだが、誰もが社会人になれると思いがちである。しかし、子どもを社会の後継者として一人前の社会人に育てることは、大変に苦労と努力の必要なことであり、時間を要することである。しかも、誰もがよりよい社会人になれるとは限らない。

その証拠に独善的な利己主義者がいたり、犯罪者がいたり、フリーターやニートと呼ばれる人がいたり、大人になりたがらない、親になりたがらない人がいて、非社会的な考えや行動を取る人が多くなっている。

特に、今日のような豊かな科学的文明社会では、お金さえあれば自分勝手に気ままな生き方ができるので、社会的な子どもの育て方や少年教育のあり方について教えてくれる人が少ないし、ましてや指導してくれる人がいる機関も少ない。どこにでもあるのは、個人的な受験教育やレクリエーション中心または職業訓練の施設や活動ばかりである。

四〜五〇年も前までは、家庭や地域の教育力があったので、教えてくれたり、見習える人がいた。しかし、今日の大人は、社会人としての自信がないこともあって、教えようとする人が少ない。それだけではなく、科学・技術的な発展があまりにも早すぎて、人間の心理がどう変化するか、どんなことに注意したらいいのか、何が正しいのか等についても十分な理解ができていない。

いつの時代にも、子どもにとっては見本になる人、教えてくれる人、叱ってくれる人、行動を共にしてくれる人がいない限り、自然によりよい社会人になることは、大変難しい。しかも、今日のような高度に発展した情報文明社会においては、よりよい対人関係を培う機会と場が少なく、一層孤独な世界に入ってしまう。

人は生まれた後に、誰でも必ずよりよい社会人になるための学習や教育される機会と場が与えられなければならない。本来は、社会人準備教育である見習い体験的学習活動（体験活動）の機会と場が家庭や地域社会に必ずあった。しかし、今ではそのような教育機能はなくなっている。

それでは学校はどうかと言えば、言葉や活字、視聴覚機器によって教え、伝えられてもなかなか理解を深めることができなかったり、実践し難い。ましてや見本のない社会的あり方や生活習慣を子どもの身につけさせることは辛難である。

よりよい社会人を育成するには、学校における教科書教育だけではうまくいかないことがはっきりしかけた今日、本来の社会人準備教育としての家庭や地域社会における見習い体験的学習活動の機会と場が、一層必要になっている。

その体験活動のあり方については、これからの科学的な文明社会における社会人準備教育として早急に理論と方法を検討し、実験的にでも実施しなければならない。

（二）少年教育と公的側面

人類は有史以来、よりよい社会人、すなわち素養ある後継者を育むための社会人準備教育に大変な努力と工夫を重ねてきた。それは、今日では社会教育とか青少年教育という言葉で表現されている。一般的に使われている青少年の健全育成は、健全な青少年の育成という私的な側面と、大人のほうに近づくように手を差しのべてこちらに引き寄せて、社会のよりよい後継者とする、健全な社会人の育成を意味する公的な側面がある。

いかなる社会でも、よりよい社会の後継者を育む努力と工夫を続けてきたことによって、人類は今日のような社会人になり得たし、いろいろな文化や民族が継続されてきた。

一般的に青少年教育と呼ばれる社会人準備教育は、よりよい社会の後継者を育む公的側面からすると、六～十四歳の少年期の教育、すなわち〝少年教育〟が最も重要なので、ここではこれ以後少年教育とする。

少年教育には、個人の資質を向上し、存在条件を有利にする私的側面と、社会人として、生活文化の共有を強いる公的側面があるが、学校教育制度が発展充実した文明社会においては、私的側面の知識・技能教育が重視され、公的側面の社会化教育が影をひそめがちである。

日本での学校は、鎌倉時代初期の西暦一二〇〇年頃、足利に創設された学問所の〝足利学校〟が始まりとされているが、近代的学校教育制度は明治五（一八七二）年以来なので、まだ一三六年しか経っていない。

社会の後継者を育成するための社会化教育すなわち社会人準備教育は、有史以来続いており、よりよい社会人を育成するために、より豊かな知識と生活文化を体験的に伝えてきた。その点からすると、古代から続いてきた日本の社会化教育は世界一であった。

いつの時代にも、社会生活における少年たちは、絶えず繰り返されてきた異年齢集団での共同体験を、生活の知恵が誘発される見習い体験的学習の機会と場にしてきた。

日本の近代的学校教育は、全人格的教育を目的としたので、私的側面のみならず公的側面の社会化教育や〝体育（日本的教育用語で、スポーツと同じ意味内容ではない）〟をも導入し、世界に例を見ない学校教育の充実と成果を上げ、社会の発展に大きく貢献した。しかし、戦後の民主教育は、公的側面の社会化教育を殺《そ》ぎ、家庭や地域社会の教育力をも衰退させた。その上、青少年の健全育成活動がスポーツやレクリエーション中心になり、私的な側面が強く、公的側面の弱いものとなった。そのため、六〇年以上も経過した今日の日本は、価値観の多様化と生活文化共有の希薄化、それに情報文明の発達によって、金権的・利己主義的な人が多くなり、社会が不安定になって、活力が衰退してきた。

このような社会現象から、公的側面としての社会人準備教育とは何かをもう一度よく考えて、教育の社会的目的とあり方を再確認する必要に迫られている。

(三) 少年教育の三つの方法

教育の目的には、私的側面と公的側面があることはすでに述べたが、私的側面は、知識や技能の習得と、情操や体力を身につける機会と場を与えることで、主に学校によってなされてきた。公的側面は、風習や言葉、道徳、衛生、心身の鍛錬、食文化などの生活文化を身につける機会と場を与えることで、主に家庭や地域社会によって、見習い体験的学習の機会と場が与えられてきた。

人類にとって古代からの教育のあり方・方法は、見習い体験的学習活動と訓練であった。そして、近代になって、学校による教科書教育が取り入れられた。とすると、われわれ人類にとっての教育とは、見習い体験的学習活動と訓練、それに教科書教育の三つの方法を意味することになる。

古代から続いている〝見習い体験的学習活動〟と〝訓練〟は、伝統的教育と呼ばれるもので、近代的な学校教育制度が導入される以前からあった。日本は、この伝統的教育（社会化教育、本来の社会人準備教育）が世界一発展し、充実した国であったが、近代的な学校教育重視によって徐々に衰退し、戦後の米国的教育政策によって一層衰退して、今日では世界一希薄な国になりつつある。

古代から日本に続いていた少年教育の基本は、いろいろな遊びや、生活体験、自然とのかかわり合い、冠婚葬祭や年中行事へのかかわりや参加等を通して、見習い体験や訓練によって心身の鍛錬をさせることであり、親が知っている全てのことを子どもに伝えることであった。しかし、文化伝承の形態は、親の世代ではまだ力不足で、むしろ祖父母から孫への隔世伝承となるのが、古来変わることのない人類に共通する社会現象であった。

(四) 少年教育の社会的目標

人類は数万年の歴史を持つが、文化的存在を意味する有史以来となると、一万数千年である。とにかく、一万年以上もの長い間、厳しい自然環境に順応して生き残ってきた生命力の強い今日の人類は、生活の不便や食物の少ない貧困、それに明かりのない闇に対しては、すでに十分知識・知恵を身につけていて、遺伝子に組み込まれているほどに慣れている。しかし、機械化による便利さ、明るさ、多情報等に対しては、まだ半世紀足らずの経験しかなく、どのように対応してよいのかすら判断のつかない世界である。そのため、文明化に対応する心身のあり方についてはまだ関心が弱く、学問的研究も十分ではない。

これからの科学的な文明社会に対応する新しい教育観による少年教育の社会的目標には、次の三つがある。

①文明化と豊かさへの対応

科学・技術による豊かな文明社会でよりよく生きるためには、健康な心身が重要である。外見は健康そうだが、豊かな文明社会の変化の激しさについてゆけずに、精神的には疲れている人が多くなっている。

健康的な肉体を維持するためには、体によい食物と適度な運動が必要だ。人間は一日の半分は体を動かしていないと関節が硬直してスムーズに動けなくなるので、常に適度な運動をしなければならない。食べ物に関しては、本来の自然界にある有機物を食べている間はよかったが、今日では科学・技術が発達して人工的な食物や添加物や農薬が身の回りにあふれているので、注意が必要である。

これからの少年教育でまず気をつけなければならないのは、体によい食べ物かどうかの確認である。その食べ物の三大必要条件は、新鮮、おいしい、体によいことだ。

健康な精神、心のやすらぎを維持するためには、よりよい自然環境と同じ生活文化を共有する仲間のいる社会環境の二つが必要である。人間は、非常に身勝手な動物なので、この両方をうまく連動させることが、健全な精神を維持する知恵だ。すなわち、社会（仲間）と自然（孤独）が希望によってかなえられることが必要なのだ。

これからは、文明化と豊かさへの対応を配慮して少年期にしっかりした生活習慣を身につけさせ、その土地になじんだ衣食住の仕方、あり方、風習、言葉、考え方等の生活文化をきちんと伝えることも大切である。

②社会化教育

社会とは、共通の文化を持った人々、または一定の規則の下に二人以上の人間が集まった状態である。共通の文化とは言葉、風習、価値観、道徳等のことである。これらが共有されていなければ、表情、目線、仕種等でのコミュニケーションを図ることができず、お互いを理解することが困難である。社会化とは、社会生活に必要な心がけや文化の共有のことである。

戦後の民主教育は、個性重視の原則の下に、子どもたちの内発的動機づけを重視し、教育という言葉すら嫌って、まるで王子、王女を育てるかのような子ども中心主義から、個々の発達を支援してきた。しかし、それは、規範や人間性、社会性、生活文化等の社会化教育、すなわち社会人準備教育が弱く、価値観や行動規範の見本のない放任主義になりがちであった。そのため、民主主義社会にとって最も重要な、自由と規則、平等と競争、権利と義務についての社会化教育が十分になされてはいなかった。どちらかと言えば、自由と平等、権利ばかりが強調され、規則や競争、義務の必要性を重視してはこなかった。

しかし、社会の安定、継続の維持において必要な自由を守るためには規則が必要であり、平等だけでは社会を継続・発展させることはできないので競争が必要であり、権利の裏には必ず義務が必要なのだ。このような、ごく当たり前のことを身につけさせることが社会化教育なのである。

③社会的保障としての教育

社会は人により、人は教育により、教育は内容によるのだが、大人が子どもに対して、人間的・社会的に自信を失ったり、道徳的にひるんでは教育はできない。

人類が有史以来続けてきた少年教育の目的は、社会人準備教育として社会の後継者を育成し、社会の安定と継続を図るためであった。そのための日本における少年教育とは、日本人の価値観や生き方、食文化、風習等の生活様式の座標軸を教え、示すことである。

これからの豊かな文明社会においては、社会的保障としての物質的保障と精神的な心の保障が必要だ。物質的保障はいつでも、他人でもできるが、心の保障は本人の人間力によるものである。それには、少年期にいろいろな見習い体験的学習活動をすることによって心身を培い、生活文化を身につけて人間性や社会性を高めておくことが必要だ。

物質的保障としての食料、医療、施設、娯楽等は老後でも対応できるが、精神的・心の保障は、少年時代の豊かな体験によるもので、老後に身につけて対応することは困難である。心の保障としての自然観や生活文化を自らの努力・工夫によって身につけていない人は、中年以上、特に六十歳以上になると孤独感や絶望感が強くなりがちで、よりよく生きることはできない。

これからの少年教育の社会的目標は、よりよい青少年であるためよりも、多くの体験知を身につけ、人間力を高めて、よりよい社会人になって、よりよく生き、よりよい老後を迎えて安全・安心に生きられる、社会的な心の保障を得てもらうことである。

五. 新しい教育観による野外文化教育

(一) 科学的文明社会に対応する人間教育

私たちが使っている「教育」とは、近代的学校教育を意味している。しかし、長い人類史の大半は、近代的学校教育制度はなかった。が、人類は見事に今日まで社会を継続・発展させてきた。

だから、いかなる民族社会にも、古代からの伝統的教育と近代的な学校教育がある。日本にも古くから、家族や地域社会の生活現場で、見習い体験的学習と共に「おかげ」「義理」「罰」「恥」「笑い」等の言葉も加えてなされてきた伝統的な教育方法があった。ところが、学校を中心とする文字や言葉による合理的な教育方法が発達すればするほど、伝統的教育がすたれてきた。その上、昭和四十年代は、テレビが、昭和五十年代はコンピューター等が発達することによる情報文明によって、それまでのような人間教育のバランスを失って、近代的学校教育にも行き詰まり現象が起こった。

その結果としての人間的・社会的特徴は、利己的、合理的なことであった。このような社会現象の中で生まれ育った子どもたちの特徴は、①打算的、②支持待ち的、③相手の心を知ろうとしない、④人の上に立ちたがらない、⑤無関心、無感動、無気力の三無主義、⑥体格はよいが防衛体力が弱い、⑦ひきこもりがち、等であった。

このような日本の若い世代の特徴から、近代的学校教育のあり方が問い直され始め、「学力」についてもさることながら、「生きる力」の基礎・基本や「感じる心」の習得が一層叫ばれるようになった。

日本の平均寿命は世界一だが、人生八十年の生き方、生き様等の「生きる力」である生活文化は、誰が、いつ、どこで子どもたちへ伝えているのだろうか。個人的に生きる力もさることながら、社会人としてよりよく生きる力は、戦後の個性重視の民主教育にはあまり重視されてはいなかった。

そこで、これからの科学的文明社会に対応する少年教育の一つとして、習慣的な生活文化を伝承する伝統的な体験的教育を、人間教育のあり方として再認識し、評価する新しい教育観が必要になってきた。

いかなる民族社会でも、野外でいろいろな身体活動を通して行う、生活文化伝承の機会と場であり、情感を育み、身体を育成し、全体的能力の開発・向上を促す伝統的な教育が行われていたからこそ、人類は社会をここまで継続・発展させることができた。

人間本来の生命力の強さを培う全体的能力開発の具体的な内容とは、①生活能力の向上、②防衛体力の向上、③没我的能力の向上、④社会性の向上、⑤環境認識力の向上、⑥判断力の向上、⑦忍耐力の向上、等である。

世界の多くの民族が、社会の後継者である青少年、特に少年の育成に熱心であったのは、絶えず戦争が起きたり、異民族に囲まれて生活してきた歴史上の事実による、生き残りのためであった。だから、社会人の義務と責任の下に、祭りや年中行事、遊びや社会生活等を通して、日常的な活動の中で習慣的な生活文化を伝え、教えてきた。

これまでの日本は、周囲を海に囲まれて、比較的単一民族に近い社会を営んできたので、日本人になるための教育やあり方をあまり意識する必要はなかった。そこで、戦後の少年教育は、知識偏重とスポーツやレクリエーション中心であった。

しかし、今日の青少年を取り巻く環境は、国際化や情報化の波によって刻々と変化している。そして、諸外国の言語、宗教、習慣、行事や出来事等が身近なものとして伝えられ、受け入れられ、生活文化共有の重要性がはっきりしない不透明な社会状況になっている。そのため、習慣的な言葉や規範、生活態度、価値観等が乱れ、利己主義的な不信社会になり、安全・安心のない社会になった。それゆえに、日常生活の安定と継続を願う社会人にとっては、習慣としての生活文化の伝承と共有が一層重要になってきた。

そこで、これまでの合理的な学校教育論では無視されがちであった、野外でのいろいろな体験活動を通してなす少年教育のあり方を、新しい教育観によって「野外文化教育」と呼ぶことにした。

その目的は、科学的文明社会に生まれ育つ子どもたちがよりよい社会的生活ができるように、体験活動を通して学ぶ「自己教育」の力、「人間力」を開発・発展させることである。

自然に順応する日本的文化であれ、自然と対立する欧米的文化であれ、発展する科学的文明社会に対応する人間の生き方、あり方としての見本であって、結果ではない。野外文化教育にとっては、それら人類の文化を社会のゴールとするのではなく、出発点とするのである。

(二) 基層文化の成り立ち

人類は、有史以来自然との触れ合いによっていろいろな考え方や複雑な感情を身につけ、さまざまな道具を作ってきた。それらを「文化」や「文明」という言葉で表現してきた。

文化と文明はしばしば混同して使われるし、概念規定がなかなか難しく、語源はギリシア語で、英語やドイツ語等の翻訳語だとも言われているので分かり難い。日本には、オリジナリティがないかのごとく考えがちだが、どこにでもある自然とのかかわりから発生したものであると考えると分かりやすいので、ここでは日本の自然環境から発生した日本語としての文化や文明とする。

とすると、ここで言う文化とは、あるがままな大自然に順応し、利用するための考え方や感情と生き方であり、文明とは、人間に都合のよい環境としての小自然を作るための手段や道具である。すなわち文化は、見えないものを見る力、聞こえない音を聞く力、判断力、応用力等のことで、その土地にあるところのもので独自性が強く、文明は必要に応じて作られ、用いられるもので、画一化されやすい。

文化は社会人に必要な基本的な行動と、その行動の背景にある意識（規範）や価値観であるので、社会の構成員に共通した行動や生活様式のことである。しかも、それぞれの時代の人々によって作り出され、改善されながら伝承される歴史的社会の産物でもある。

社会人である以上社会的あり方を当然備えていなければならないので、いかなる個人も集団的規定なくしては存在し難い。だから、意識するしないは別として、生まれ落ちた瞬間から死ぬまでずっと、私たちの行動は文化によっていたるところで規定されている。

私たちが日常生活でそれほど意識しないでなすさまざまな生活習慣は、先祖代々に培われた生活文化である。ここで言う生活文化とは、その土地になじんだ衣食住の仕方、あり方、風習、言葉、考え方等の生活様式のことである。私は、世界各国を旅しているうちに、人類に共通する普遍的な生活文化には、生活になくてはならない基本的な文化と、なくても生きられる感性的な文化があるということに気づかされた。

例えば、家、家具、道具、言葉、挨拶、料理、食べ方、衣類、治療、遊び等は、民族や地域によってさまざまだが、日常生活（生きる）に必要な人類に共通する普遍的文化である。そして、もう一つ、人類に共通してあるが、日常生活にそれほど重要ではなく、民族や地域によって特色のある文化がある。

私は、世界の民族を踏査しつつ青少年教育活動を続けているうちに、前者の基本的な文化を社会の基層をなす〝基層文化〟とし、後者の感性的な文化を社会の表層をなす〝表層文化〟とすることにした。

基層文化は衣食住や安全、衛生等の概念や生活の知恵、言葉、風習、規範、心身の鍛錬等を意味するもの、つまりは人間力のことである。表層文化は音楽、文学、芸能・美術、工芸、スポーツ等、心のあり方を意味するもの、つまり人類に共通する感性的なことである。

文化はしばしば建築物に例えられるが、基層文化は家の屋根、柱、壁、窓、床等のような基本的なもので、表層文化は、たたみやカーペット、壁掛け、壁紙、欄間、家具、照明、カーテン等のような装飾的なものと言える。

文化のある部分は社会の全員によって習得されるが、ある部分は選択可能なものから選び出される。その全員によって習得される文化が基層文化であり、選択によって選び出される文化が表層文化である。だから、基層文化は表層文化よりも安定度が高く、変化の速度が遅い。

基層文化は自然環境に順応して生きる人々の集団から受け取る社会的遺産なので、自分の属する社会の基層文化を身につけていないと一人前の社会人になることができず、社会生活に支障を来たすことになる。今日の日本は科学・技術が発展して利己的な個人主義社会になり、産業的に利用されやすい表層文化を重視する傾向が強くなっているが、表層文化によって社会を長く繁栄・安定・継続させることはできない。表層文化は基層文化あってのもので、社会にとって重要なのは基層文化の充実・

発展と伝承である。

明治五年に近代的学校教育制度が導入され、〝文化〟として教育に取り入れられたのは、欧米型の表層文化が中心であった。本来学校は、発展した欧米に追いつけ追い越せ式の知識・技能を身につけさせることを目的として作られたもので、基層文化は、家庭や地域社会の教育によって伝承されるものであった。

(三) 野外文化の発想

私たちが社会生活をより豊かに、平和に、快適に営むためには、社会人としての基本的能力、たしなみを身につけることが必要である。その大半のことは、少年期になす野外での共同体験等によって培われる基層文化のことである。

文明社会が発展すればするほど、自然環境は人間の都合のよいように整備されて、快適な生活ができるようになる。しかしその反面、野性的な能力は衰退し、安心感と満足感が得られず、不安になりがちな傾向が強くなる。

私たち人類は、これまでにいろいろな自然現象や貧しさ、非道理的なことに対応して生きぬく知恵を培ってきた。しかし、今日のような豊かさや科学・技術の発達した文明社会に対応する知恵はまだ十分ではない。そして、人間の本質が変わらない限り、自然とのかかわりが少なくなっても、社会人として生きるのに必要な基層文化・生活文化を身につけていないと、日常生活としての生き方・生き様が分からず、ゆとりや安心感が得られない。

豊かで平和な科学的文明社会に対応する新しい教育観による少年教育のあり方としては、理屈ぬきに自然と共に生きる素朴な生活体験が必要なのである。

科学的文明社会において人間はどうあるべきかという、人間学的な少年教育に必要な〝屋外の大地〟を意味する言葉として、〝野外〟を使用することにした。ここでの〝野外〟とは、家の外の野原や田畑、山、川、草木等、つまり〝家と大自然の間〟のことである。

野外は、家と素朴な自然（森）との間にある大地を総称する言葉なので、英語では〝Field〟の意味に近く、〝Outdoor〟ではない。

私たちが自然と共に生活するには、文明よりも文化が重要だ。人間の手が何らかの形で加えられた小自然である野原としての〝野外〟と、自然に対応する知恵である〝文化〟を組み合わせ、これからの少年教育にとって必要な生きる力の総称として「野外文化」とする。

野外文化という日本語は、長年の民族踏査と青少年教育活動を通して考えていた〝栽培の野原〟から〝文化を育む野外〟へという意味を込めた造語である。野外でのいろいろな活動を通して発現する基層文化と防衛体力、すなわち生きる力を現代的に表現する言葉が「野外文化」なのである。

長い歴史を生き抜いてきた今日の人類は、飢えや渇き、疲労に対しては抵抗力があり、生命力が非常に強い。二〜三日何も食べなくても死にはしない。しかし、飽食して二〜三週間もじっと動かないでいると、肥満体になり、関節が硬くなって動き難くなる。栄養バランスのとれた腹八分目の食事をし、体を日常的によく動かさないと、生きるのに必要な健康体としての体力や精神力を維持することはできない。

私たちは、ＩＴを中心とする豊かな科学的文明社会がどのように発展しようとも、あえて肉体的機能の低下や生きる力を退化させることなく、継続できるよう努力・工夫することが必要なのだ。

これからの科学的文明社会に生まれ育つ子どもたちが、よりよい社会人になるためにはどのようにすればよいのか、今、私たち人類に問われている課題である。その答えの一つとして教育人類学的発想による「生きる力」としての「野外文化」には、自然や社会に対する積極的な態度も含まれている。

（四）野外文化伝承としての教育

全ての民族には、社会を安定・継続させる知恵として、基層文化を伝承する野外でのいろいろな身体活動がある。それらは、大人が子どもたちに生活文化を伝承する機会と場であり、情感を育み、心身を培うための具体的な方法であった。例えば日本では、祭りや年中行事、遊び、冠婚葬祭等にかかわる全ての社会的活動のことである。

社会生活において、古くからあったこと、古来の生活様式を受け伝えていくことを〝伝承〟と言うが、豊かな科学的文明社会においても人間の本質が変わらない限り、大人には、社会人として生きるに必要な基本的能力（野外文化）を子どもたちへ伝承していく義務と責任がある。野外文化を伝承される青少年の立場からすると、自らが努力し、工夫しながら習得することになる。習って会得することや覚えることを〝習得〟と言うが、いつの時代にも人間の本質が変わらない限り、青少年は社会人に必要な基本的能力を習得する使命を担っている。

私たち人間は、社会を安定・継続させる知恵として、世代によって伝承する義務と責任、そして習得する使命があることを古代から体験的に知っていた。特に青少年には、生きる力を習得する使命を必然的に持たせた。

生きる基本的能力である野外文化の伝承を「野外文化教育」、青少年が野外文化を習得する活動を「野外文化活動」と呼んでいるのだが、野外文化教育と野外文化活動は、立場の違いによる名称の違いで、内容は同じことである。しかし、いつの時代にも大人から子どもへの伝承が重要なので、社会を安定・継続させるための新しい教育観による少年教育としては「野外文化教育」とする。

今日のように科学的な文明が発達し、豊かで平和な社会になるまでは、野外文化の伝承は、子どもたちの日常生活においてなす遊びや自然体験等を通じて、自然に行われており、教育的作為のある野外文化教育のような教育観は特に必要なかった。しかし、地域社会における伝統的な人間的・社会的教育の機会と場が少なくなってきている今日、学校教育や社会教育の場で補っていく必要に迫られている。

これからの国際化する文明社会に対応する少年教育のあり方として、野外でのいろいろな体験活動を通じて、社会人に必要な生活文化を伝承する社会人準備教育としての野外文化教育が必要になった。さもないと、アイデンティティーが弱く、競争の激しい国際社会でよりよく生きられなくなるだろう。

教育には、変わるための教育と変わらないための教育が必要なことはすでに記述したが、変わるための教育をする学校でも、家庭や地域社会の教育力が低下したために、昭和五十年代の初め頃から、変わらないための教育をする必要に迫られてきた。

本来の社会人育成事業である社会人準備教育は、基層文化を伝える伝統的な教育によるものであったが、戦後は〝青少年の健全育成〟や〝青少年教育〟と呼ばれ、近代的なスポーツや欧米型の野外レクリエーション中心に行われてきたので、生きるに必要な生活文化の伝承にはなっていなかった。

少年教育に必要な野外でのいろいろな身体活動があるが、それらを近代的なスポーツやレクリエーション的に考えるだけではなく、社会人育成に必要な生活文化伝承の機会と場であり、情感を育み身体を育成し、体力をも養成するための野外文化教育であると、人間学的に考えることが重要になってきた。

このように考えるここでの野外文化教育とは、〝科学的文明社会に対応する少年教育として、野外での体験活動を通じて生きる意欲や喜び、生活の知恵や情操を習得させ、知的欲望と体力養成を同時に満たす体験的教育〟とする。

（五）野外文化人を育む野外文化教育

私たち人類は、これまでに経験したことのない科学・技術の発展した文明社会に突入している。そして、高度に発展した情報文明社会に生まれ育つ子どもたちを、一人前の社会人に育て、社会の安定・継続を図るにはどのようにすればよいのか、今や地球的規模で頭を悩ませているが、未だ確たる理論や方法はない。しかし、社会的現象は激しく変化しているが、人間の本質、特に子どもの本質は今も昔とあまり変わっていないので、社会人準備教育の原点に立ち戻って考えるべきではないだろうか。

私たち人類が古代からなしてきた社会人育成事業は、言葉や文字、電子機器等による間接的な理屈によることではなく、日常生活における具体的な直接体験を通して、体験的に習得させることであった。科学的文明社会に対応する少年教育の方法の一つである体験活動を通じて行う野外文化教育は、科学的・合理的ではないが、古代から続いている最も確実で効果的な人間教育のあり方を、現代的に体系づけたものである。

私たち人類はこの一世紀もの間、特にこの四〜五〇年間は、科学・技術の開発、発達、そして経済活動に邁進し、子どもたちに先端技術や情報的知識を習得させるための教育には熱心であったが、社会人として安全・安心にゆとりを持って生きるに必要な基本的能力を身につけさせる社会化教育には、あまり熱心ではなかった。しかし、二十一世紀の高度に発展した文明社会においては、技術や情報知を伝える教科書による教育と並行して、日常生活を安全・安心に賢く生きるに必要な体験知としての生活文化を伝える体験活動が必要なのである。

教科外教育としての野外文化教育は、生きるに必要な社会性や人間性を豊かにし、〝生きる力〟や〝感じる心〟を培うための総合的な人間教育のことで、本来の社会人準備教育を意味する。

二十一世紀の都市文明社会でゆとりある豊かな生活をするためには、まず第一に心身が健康で、困難に打ち克つ忍耐力が必要だ。第二は、社会的義務と責任を果たすことのできる体験知とも言える、自分で考えて行動する活力・想像力を身につけておくことだ。第三は、情報知とも言える高度な知識や技術を身につけた、冒険的（チャレンジ）精神の旺盛なことだ。

これからの文明社会でよりよく生きるために必要なこれら三つの条件を兼ね備えた人は、「野外文化人」すなわち〝野文人〟である。野文人は野蛮人とは対照的存在で、いかなる科学的文明社会でも生きぬく力があり、生活文化が十分に培われた洗練された人のことである。

私たちは、お互いに社会での生き方、あり方、考え方、感じ方等の暗黙の了解事項をいくつも作り上げ、ごく普通に社会生活を営んでいる。その暗黙の了解事項こそ、人類に共通する社会人としての基本的能力だ。それは、主義、思想、宗教等の観念の世界や、民族、国家を超越して共通する文化である。そのごく当たり前の文化をより多く共有することに、これからの社会や国際化の原点があり、平和で安定した社会生活が営まれる基礎がある。私たち人間各自が、大地に足をつけて生きるに必要な基本的能力を身につけていないと、二人以上が生活を共にすることすらできなくなり、社会の原点である家族・家庭が成り立たなくなる。

今日の社会現象や青少年の心理および行動を調査研究して議論することは重要だが、結果への対応だけでは青少年の育成や社会の安定・継続に大きく貢献することはできない。大切なことは、今日のような社会現象の中で生まれ育つ過程において、社会人としての基本的能力を育むために、今、何を伝え、何をしてやるべきかを考えて、予防療法的に具体的に体験させることだ。その予防療法的な対応の一つが、子どもたちにこうなって欲しい、これだけは知っておいて欲しいという、大人の社会的・人間的希望である野外文化教育としての体験活動なのである。

いろいろな体験活動を通じて行う野外文化教育は、四〇年ほど前まではあまりにも当たり前すぎて、その必要性や存在価値が認識されず、教育的評価も学問的体系化もなされないままであったが、科学・技術が高度に発達するにつれ、人間の心身が疎外されがちになり、自然と共に生きる人間の野性的機能〝生きる力〟の開発の必要性が叫ばれるようになって、やっと野外文化教育の重要性が認識されるようになった。そしてこれからは、人材育成として、野外文化教育によって育まれる野外文化人がますます求められるようになるだろう。

(六) 野外文化教育の適時年齢

日本のように科学的な文明が発達して豊かになると、生きるために必要な原始的なことはあまり教えなくなり、学校で進学または働くために必要な知識・技能を教えることが教育だとみなされがちになる。しかし、私たちはいつの時代にもよりよく生きるために学び、働くのである。

非文明社会の発展途上国で生まれ育つ子どもと、高度に発展した情報文明社会で生まれ育つ子どもは、同じ十歳でも社会的刺激や情報の量が違う。豊かな文明社会の子どもは、情報量が多く、刺激が強すぎて、十五歳ですでに人間的・社会的に疲れ、あらゆる刺激に麻痺しかけている。ところが、非文明社会の子は、十五歳になって初めて人間的・社会的に好奇心を持って向学心・向上心が沸くのである。彼らはまず生きるに必要なことから学び始める。これからの日本でも、野外文化人としてより賢く、そしてよりよく生きるためには、やはり生きるための基本的能力としての生活文化を身につけておくことが必要だ。

小学校・中学校でのより効果的な野外文化教育には、子どもの心身の発達段階をよく知って対応することが重要である。そこで、生きる力や感じる心を培う野外文化教育には、心身の発達段階における適時性があり、六〜十四歳までが適時年齢とされている。

神経の発達は、心の成長と大きくかかわっているのだが、神経は、五歳頃から発達し始め、平均すると九歳がピークになり、十四歳頃にはほぼ終わるとされている。

〝心〟とは、一般的に私たちの精神作用のことで、具体的には物事をどう考え、どう感じるか、意志をどう持つか等、感情の総合的なものだ。その心の大切な要素を具体的にすると、〝信頼〟、〝愛〟、〝価値観〟、〝情緒〟、〝情操〟等である。

私たちは、幼少年時代のいろいろな体験活動によって起こる、このような五つの精神的要素によって、心の原点が培われる。

一般的に、六歳頃から十四歳前後までに身につけた精神的能力が、生きるに必要な価値観や生活態度の基礎となると言われている。こうした精神的能力を身につけるには、神経の成長が大きい九歳前後が最も大切な時期だと言える。

少年時代に見たり、聞いたり、体験したことは大変強く印象づけられるので、一種の「すりこみ現象」になりがちである。このように、神経の発達と精神的能力のかかわりが強いので、母語や故郷感は十四歳頃までに培われるものだとされている。

脳生理学者によると、少年時代によく遊ぶと右脳が発達し、性格的には非論理的、直感的、総合的、創造的、情熱的になりがちだそうである。ということは勘がよく働き、政治家的、企業家的、芸術家的タイプの人間になりがちだそうだ。

それでは少年時代によく学ぶとどうなりがちかと言えば、左脳が発達し、論理的、分析的、言語的、順序（プログラム）的、マニュアル的になる傾向が強く、学者や役人的タイプの人間になりがちだそうである。

私は、昭和六十二年と六十三年の二年間にわたって、〝野外伝承遊びの実態調査〟を、文部省の補助金をもらって二〇万部のアンケート用紙を全日本に配って実施したことがある。その中で、日本の政・財界や学者、文化人として名の知れた著名な方々にインタビューやアンケートで、幼少年時代の遊びについて調査した。その結果は「野外伝承遊び実態調査」Ⅰ、Ⅱの二冊の報告書にまとめられている。

こうした実体験と、これまでの偉人、傑物その他多くの優れた人々の伝記や話によると、少年期前半にはよく遊び、後半から学び始め、青年期になってよく学んだとされている。それらからすると、少年期には比較的よく遊び、青年期になってよく学ぶと、心身のバランスのよい大器晩成型の人間に成長する可能性が高いようである。

私の遊びに関する調査や偉人伝、物語などからすると、少年期に遊びもせず、早いうちから学んでばかりいた人は、少年期、青年期にはよいのだが、伸びが早くに終わってしまう傾向が強く、早死にする人が多い。それからすると、部屋で一人遊びをしがちな今日の子どもたちもその傾向が強くなるのではないだろうか。

天才は別だが、一般的な人の社会的価値は、三十歳を過ぎた頃から力を発揮すればよいもので、その真価は、壮年期になってからはっきりする。しかし、今日、商業主義と結びついて社会的に大変人気があるスポーツ、文学、美術、音楽、芸能等のような表層文化については、評価が時代と共に変化しがちなので、価値観を固定することはできない。

そこで、本来の一般的な社会人の少年期から壮年期にかけての、「人間的資質向上と社会的あり方」を図にしてみると、次頁の図（図1「人間的資質向上と社会的あり方」）のようになる。

これは、これまで四十数年間に世界一四二カ国を探訪して各民族を踏査し、四〇年間青少年教育活動をしてきたことと、日本や各国の野外伝承遊びの実態調査、その他これまでの情報知や体験知等を総合的にまとめた私の推察による、人間的資質向上のあり方についての考察である。人間の一生についての統計学的調査等による科学的な資料に基づいてはいないが、大きな違いはないだろうと思っている。

■図１　人間的資質向上と社会的あり方

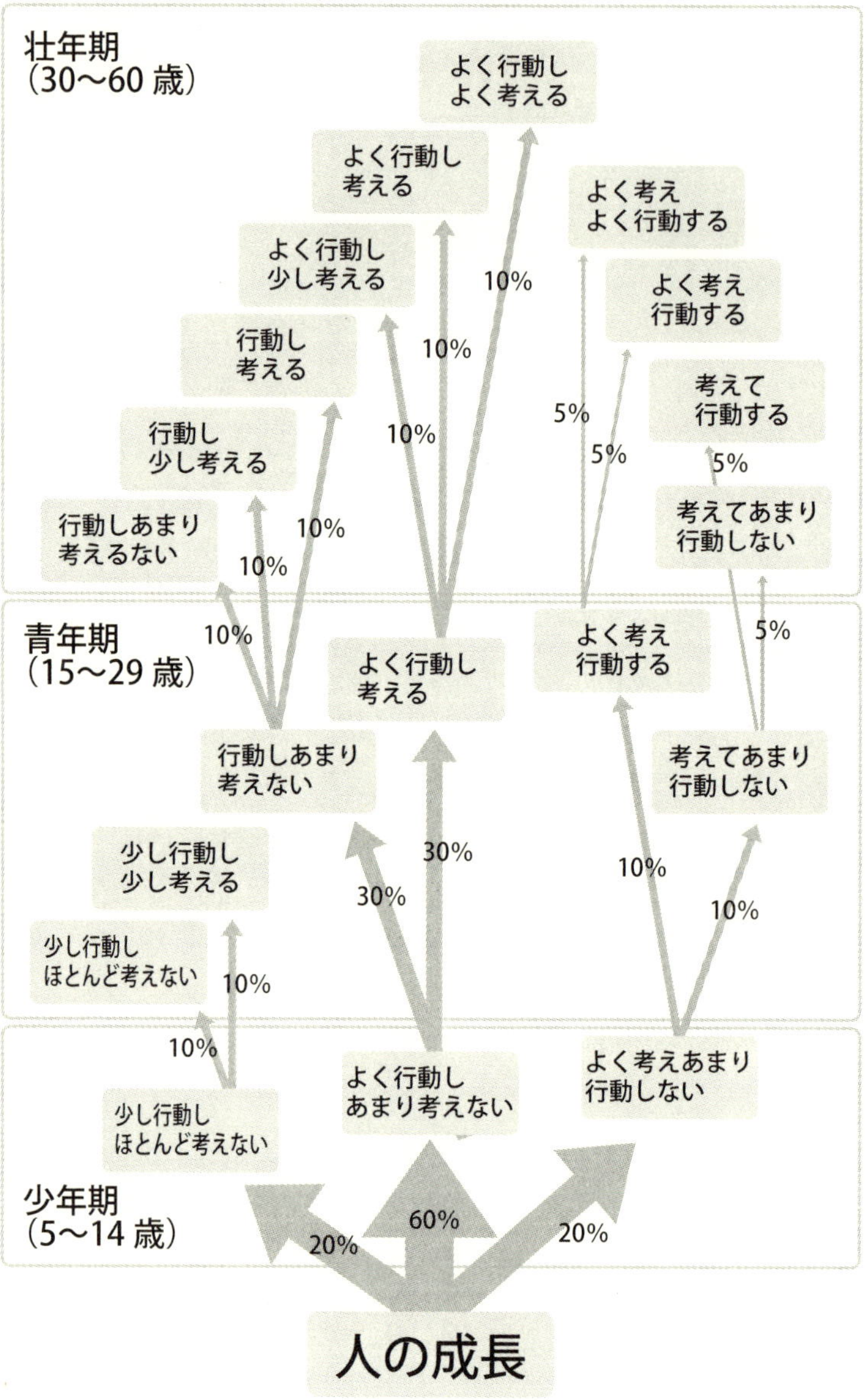

第２章

野外文化教育としての体験活動

一．人間力を高める体験活動

野外文化教育は、高度に発展した科学的文明社会に対応する新しい教育観による少年教育の方法の一つで、体験活動を中心とした人づくり、社会人養成のことである。

一般的な教育のあり方には、「見習い体験的学習活動」「訓練」「教科書教育」の三つの方法があるのだが、今日の多くの人々は、このうちの学校における教科書を使っての教育、すなわち「教科書教育」を教育だと思っている。しかし、学校教育が始まる以前から行われていたのは、「見習い体験的学習活動」、すなわち略して「体験活動」と呼ばれる機会と場を与えることが、社会人養成、社会人準備教育にとって最も重要な教育であった。

ここで言う「体験活動」は、教育的側面の強い、社会・自然等に積極的にかかわるさまざまな「見習い体験的学習活動」のことである。

いつの時代にも社会人を育成するために重要なこの体験活動は、非科学的で、非合理的であるが、最も確実な人間教育の方法なのである。

平成十三年四月十一日に、当時の文部科学大臣が「青少年の奉仕活動、体験活動の推進方策等」について中央教育審議会に諮問した。そして、平成十四年七月二十九日、中教審はそれに対する答申をまとめた。その中で、〝「体験活動」とは、社会、自然などに積極的にかかわる様々な活動とする〟としている。また、文部科学省は、平成十四年七月十日「二〇〇五（平成十七）年度までに、全国小・中・高等学校で、七日間以上のまとまった体験活動を実施する」との目標を示した。

平成十三年七月の学校教育法および社会教育法の改正により、学校内外での体験活動の促進が求められた。学校では、平成十四年度から実施された新学習指導要領において、「生きる力」の育成を目標とする体験活動を重視し、「総合的な学習の時間」を創設して、体験活動を教育活動と位置づけ、その充実を図ることが求められた。

また、平成十四年度から始まった、完全学校週五日制を受けて、家庭や地域社会における体験活動の振興や奨励が一層推進された。

こうしたこともあって、少年期の体験活動がにわかに脚光を浴びるようになったが、その目標は人づくり・人間力を高めることであった。しかし、日本の青少年教育施設の現場では、キャンプや野外ゲーム、自然の擬人化等のアメリカ的野外レクリエーション中心の形や技術を習得させるための活動であり、学校教育では、ボランティア体験や自然体験、職業体験等の活動であった。残念なことに、それらは社会性や人間性を豊かにし、「生きる力」の育成や人間の機能（思考力、防衛体力、忍耐力等）向上を促し、よりよい社会人を育成することを目標にはされていなかった。体験活動が子どもの満足度を重視すると、人間の機能を向上させることはできないし、学校の週五日制や総合的な学習等に対応しようとすれば、少年教育の目標から離れてしまう。

科学・技術の発展した豊かで平和な社会に住む人々は、機械化と合理化に慣れ親しみ、人間の野性的機能や自然と共に生きる知恵の重要性を忘れたり、気づかないままに生活している。少年期にさまざまなことを体験した大人は、物事を比較する力を持っているが、体験のない少年たちは、目の前にあることが全てで、比較することができない。

日常生活に氾濫している情報や技術は日進月歩で、文明的社会現象は目まぐるしく変化しているが、私たち、特に子どもの本質は千年来ほとんど変わってはいない。いま、少年たちに体験活動が必要な理由は、変化の激しい文明的社会現象と、ほとんど変化のない人間の本質との調和を図る知恵を伝えるためだ。そのためには、野外レクリエーションや職業訓練、ボランティア活動、スポーツ的なことよりも、社会人に必要な基礎・基本である生活文化を体験的に習得させることのできる体験活動が重要なのである。

文部科学省は平成十四年七月に、「平成十七年度までに、全国小・中・高等学校で、七日間以上のまとまった体験活動を実施する」との目標を発表したが、これまではほとんどキャンペーン的な掛け声が中心的で、あまり具体的な活動はしてこなかった。しかし、平成二十年四月からは、具体的に実践することになった。

文科省のスポーツ・青少年局は、「青少年体験活動総合プラン」を立て、青少年のさまざまな課題に対応した体験活動を充実するため、指導者養成事業や生活体験、自然体験等を全国的に展開し始めた。(社)青少年交友協会の「生活体験学校」もこの一環としてなされている。

初中局は、「豊かな体験活動推進事業」を実践するため、農林水産省や総務省と協力し合って、全国四七都道府県で、各地域三~五校が取り組み、〝子ども農山漁村交流プロジェクト〟を立て、学校と地域社会の連携による長期滞在型の体験活動を推進している。

生涯学習局は、「放課後子ども教室支援プログラム」を立て、全国の学校の校庭を活用して、放課後にいろいろな体験活動の実施を奨励し始めた。

文部科学省の中心的な三局が、体験活動の実施に具体的に取り組み始めた平成二十年度は、〝体験活動事始めの年〟とも言える。これは、科学的文明社会に対応する新しい人間教育のあり方を模索する具体的な例で、教育界にとっては画期的なことである。

社会人に必要な生きる力を培うための体験活動なら、まず最初に自然の中で仲間と共に思う存分遊ぶことだ。そして、自然のいろいろなものを活用し、他と共に生活することである。いつの時代にも少年期にまずしなければならない体験活動は、心と文化の習得活動である遊びと共同の生活体験だと言える。

「足らぬは余るよりよし」の諺通り、少年教育の原点は不足の経験にある。何より私たち人類は、古代から飢え、渇き、疲労、寒さ、競争、欲望等、ありとあらゆることに耐えて生き抜いてきた。これまでは「耐之生活文化」であったと表現することもできる。

ところが、二十世紀後半、特に日本では一九七〇年代から、科学と技術の発達と不戦によって、人類がこれまで経験したことのなかった、豊かで平和な科学的文明社会の継続に成功した。その反面、多様な社会観、価値観、文化観を産み出し、合理化と機械化による人間疎外が起こり、個々の存在感の希薄化や物事の不確実性によって共通の価値観を失い、利己的な金権主義者が多くなり、犯罪の多い不安定な社会になった。

物が豊かで平和な、しかも生きる目的や意義を感じ難い、不透明な不信社会に生まれ育つ少年期の子どもたちにとって、人間力を高める最も大切な体験活動は、人類がこれまで体験してきたと同じような、物の不足や不便、暗闇、徒歩、農作業、自炊、遊び等の素朴な体験である。

二、体験活動と教育的社会構造

社会は人によって成り立っているが、人は教育によって培われる。その人の集団である社会が、安定・継続・発展するためには、文化や経済的な生産力が必要である。

社会の最小単位は家庭であり、中規模単位が地域社会で、最大範囲が国・国家である。国家間の信頼・協力関係が国際化ということになるのだろうが、ここでは、まず国家単位で考える。

国家としての社会は人とその文化と経済的生産力によって営まれているのだが、それらの社会構造を言葉で表現すると、人・自然・社会的遺産とすることができる。自然は人が生きるための糧となる〝生産力〟であり、社会的遺産は人類英知としての〝文化〟である。

自然は物を生産する原点であり、社会に活力を与える経済的活動によって繁栄を促す力となるので、社会にとってなくてはならないものである。

社会的遺産は、人類の知的産物としての集大成で、社会が安定・継続するにはなくてはならない文化であり、いつの時代も改善しつつ伝承していくものである。そのためには、世々代々にわたって伝承する社会的使命があり、その方法が見習い体験的学習によってなされてきた。

社会で最も重要なのが人である。いかなる時代、いつ・いかなる場合にも、人は生後の模倣と教育によって社会人・文化人になれる。その内容の程度は別にして、社会人は、社会的・文化的な人にならざるを得ない。さもないと社会人になり得ないので、よりよく生きることは困難になる。そのため、親・大人は社会の後継者である青少年、特に少年たちに、社会人になるための教育を有史以来続けてきた。その教育方法、あり方として、青少年たちが模倣と見習い体験的学習ができる機会と場を与えてきた。

その見習い体験的学習活動のことを、〝体験活動〟と呼んでいるのだが、近代的な学校教育が始まる以前の教育は、家庭や地域社会において見習い体験的学習をさせることであった。

そこで、これからの豊かな科学的文明社会においても、社会が安定・継続するに必要な社会化（社会人準備）教育は、文字や言葉や視聴覚機器による教育同様に、古代から最も確実な人間教育の方法であった見習い体験的学習活動、すなわち体験活動の機会と場を与えてやることが必要なのである。

本来は、家庭や地域社会がその機能を十分果たしていたが、戦後の日本は徐々にその機会と場が失われてきた。そのため、昭和五十年代から、「生きる力」とか「感じる心」等と間接的に表現して、学校教育にも社会化教育を取り入れようとしたが、言葉や文字等による情報では十分機能を果たすことができなかったので、生活の現場で直接的に体験的学習をさせる機会と場を、作らざるを得なくなった。

今日の日本では、家庭教育や地域社会の教育力を復活させるのは困難なことなので、それに代わる社会化教育の新しい理論と方法が必要なのである。

これからの科学的な文明社会を安定・継続するに必要な社会化教育の理論として考えたのが、〝野外文化論〟であり、その実践方法が体験活動を中心に行う野外文化教育である。

社会がより安定し、継続するために行ってきた、日本における明治以降の人づくり、社会化教育を構造的に図示したのが、次頁の図（図２「古来の教育的社会構造」）である。

野外文化教育としての体験活動は、日本古来の教育的社会構造のあり方を現代的に活用・応用した、青少年教育の方法なのである。

■図２　古来の教育的社会構造

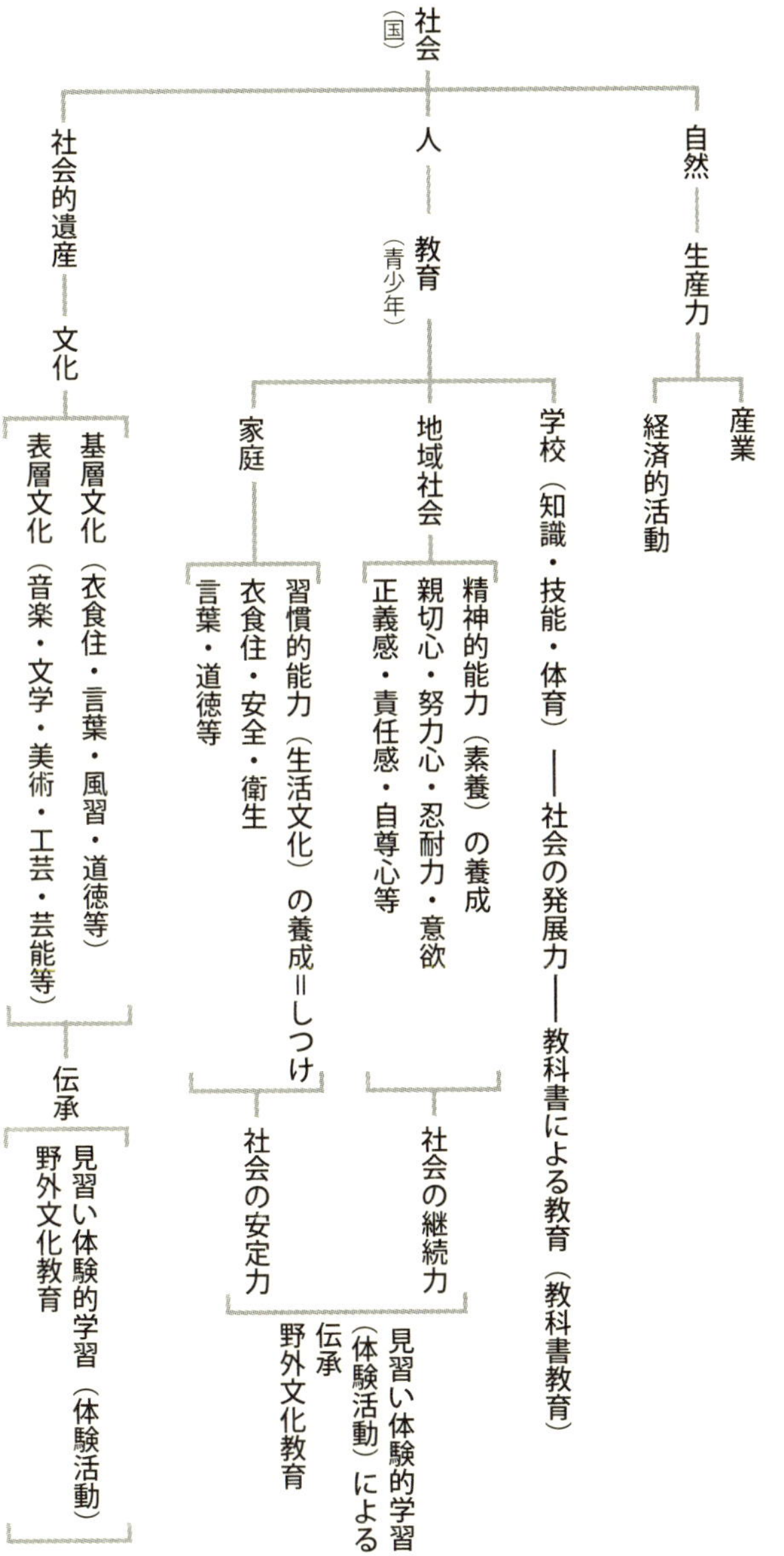

社会（国）
社会的遺産
人
自然
教育（青少年）
生産力
文化
家庭
地域社会
学校（知識・技能・体育）——社会の発展力——教科書による教育（教科書教育）
経済的活動
産業
基層文化（衣食住・言葉・風習・道徳等）
表層文化（音楽・文学・美術・工芸・芸能等）
習慣的能力（生活文化）の養成＝しつけ
衣食住・安全・衛生
言葉・道徳等
精神的能力（素養）の養成
親切心・努力心・忍耐力・意欲
正義感・責任感・自尊心等
伝承
見習い体験的学習（体験活動）
野外文化教育
社会の安定力
社会の継続力
見習い体験的学習（体験活動）による
伝承
野外文化教育

三、体験活動のあり方

(一) 集団的活動

少年期の体験活動は、古くから最もよく知られた人間教育のあり方であったが、ごく日常的なことであったので、教育的、または学問的に体系づけられることもなく、今日まであまり評価されないままであった。科学・技術の発達によって起こった人間疎外による閉塞感から、不安や不満を抱える若者が多くなった今日、心身を鍛えてたくましくなってもらう一つの方法として、少年期の体験活動が社会人育成としての人間教育的に注目されるようになった。

そこで、ここでは、科学的文明社会に対応する少年教育のあり方としての体験活動を、野外文化教育学的にとらえて、「見習い体験的学習活動」と「冒険体験的学習活動」に区別する。

この二種の体験活動を富士登山を例にして説明すると分かりやすい。富士山には登り口がいくつかあるが、見習い体験的学習活動とは、こうした古くからある登山口を経て旧来の登山道を通って、山頂に登ろうとすることである。冒険体験的学習活動の場合は、あえて人の通らない新しい道を登って頂上に達しようとすることである。古来の登山道には、多くの人々の安全で確実な体験知が生かされているが、山をかきわけて登る新しい道には、危険と不確実性が待っている。

人間教育にとってはこの二つのどちらかがよいということではないが、野外文化教育としての体験活動には、より多くの人が安全でスムーズに行うことのできる集団的な「見習い体験的学習活動」が用いられる。「冒険体験的学習活動」は個人的、または人生にとっては必要で大事なことであるが、不確実で危険が伴うので、少年が集団で行う学習活動としては不向きである。

少年教育としては、よりよい社会人になるための集団的な見習い体験的学習活動が必要なのである。見本もない、意味も知らずに行うことは、冒険体験であって見習い体験ではない。自分勝手な冒険体験は、〝数打てば当たる〟的な場当たり的な行為が多く、納得できるまでに時間と労力を要する。結果的には、〝急がば回れ〟的に、見習い体験の方が効率的に早く習得でき、知恵や文化とすることができて納得しやすい。

社会のよりよい後継者を育成するための少年教育としての体験活動は、まず見習い体験的学習活動から始めるべきである。少年期の集団による体験活動を経過して、青年期の個人的な学習活動においては、冒険体験的学習活動が必要である。

これからの高度に発展する科学的文明社会に生まれ育つ少年たちに、公の費用と時間をかけてなす体験活動は、生活感の弱いレクリエーション的で個人的な冒険体験的学習活動よりも、よりよく生きるに必要な先人たちの知恵としての生活文化を中心とする、集団的な見習い体験的学習活動が望ましい。

（二）長期的活動

現在、体験活動の重要性が提起されて注目を浴びているが、概念規定がはっきりしないで、職業的、レクリエーション的、スポーツ的、ボランティア的、芸術的な、さまざまな活動をごちゃ混ぜにして、単純に体験することや冒険することを体験活動だとしている傾向が強い。しかし、豊かで高度に発展した科学的文明社会に生まれ育つ子どもたちを、よりよい社会人に育成するための野外文化教育における体験活動は、生活文化を習得するためのごく当たり前のことを当たり前にやっていくことである。

これは何も新しい考えではなく、有史以来人類がずっと続けて実行してきた、社会人になるために一番確実な人間教育の方法である。温故知新ではないが、人類未経験の情報文明であるインターネット時代に対応する社会化教育は、教育的理論も具体的な方法もまだはっきりしていないので、最も確実な原点に立ち戻って、〝生きる〟ことを学ぶ体験活動が必要なのである。

もともと、こうした体験活動は、地域社会や家庭教育で行われていたので、近代的な学校教育では、理屈による教科書教育に重点を置いてきた。しかし、地域社会や家庭での人間教育があまり行われなくなった昭和五十年代から、本来人類が行ってきた教育のあり方をもう一度見直そうということになって、学校教育にも体験活動が重視されるようになり、特別活動や、平成に入ってからは生活科、総合的な学習活動、学校週五日制等が導入された。

体験活動が重視され始めてからしばらく経つが、未だに学術的には体系づけられていない。しかし、私は、昭和五十年代から野外文化教育としての体験活動のあり方については体系づけてきた。

体験活動のあり方には「集団的・長期的体験活動（教育的）」と、「個人的・短期的体験活動（レクリエーション的）」がある。野外文化教育としての体験活動は、「集団的・長期的体験活動」のことである。いつの時代にも、少年自ら集団的・長期的体験活動を計画・実行することは難しいので、大人が意図的に働きかける教育的作為が必要である。

ここで言う長期的とは、三泊四日以上のことで、短期的とは、二泊三日以内のことである。

日本は、明治以来欧米式の知識・技能を伝える学校教育にはずいぶん力を入れてきたが、日本にある日常的な当たり前のことを伝承するのはあまり重視していなかった。それは、古より家庭や地域社会の教育力にゆだねられていたからだ。

ところが、昭和五十年代に学校教育が社会的目標を失って行き詰まり、平成になって落ちこぼれどころか学力低下が騒がれ、特に最近は国際的にも学力低下が指摘されるようになって、大騒ぎになった。しかし、学力というのは、欧米式の知識・技能を身につけて、欧米に追いつけ追い越せ式の学校教育による結果的成績である。

言葉や文字による理解力や記憶力を中心とする学力は、学校教育を受けている間は重要であるが、卒業した後の実社会では、生きる力、生活力、人間力の方が重要である。

公立の学校教育の社会的目標は、よりよい社会人になるための準備教育であるはずだが、今日の日本はそのことを忘れかけ、近視眼的になっている。

社会の安定・継続にとっては、学力低下よりももっと恐ろしいのが、青少年の人間力、生きる力の低下である。これはいかなる国や民族の社会にとってもゆゆしい事態である。

学力もさることながら、人間力、生きる力を向上させるに理屈だけではあまり役に立たないことは周知の事実である。ならば、古代から最も確実な長期的体験活動を通じて、作為的に少年教育を仕掛けることが、衰退しかけている日本社会を活気づけるために必要なのである。

四．体験活動の内容

いつの時代にも、大人は発達段階の少年期に、よりよく生きるに必要な体験活動をさせてきた。それを一般的に表現すると、生活体験、野外運動、環境認識活動となる。しかし、これからの科学的文明社会に対応する少年教育のあり方としての野外文化教育学的に体系づけると、①自然と生活、②野外運動、③歴史と伝統の三つに大別することができる。

そしてさらに、自然と生活を(1)自然体験、(2)農林水産業体験、(3)生活体験に、野外運動を(4)耐久運動・不足の体験、(5)野外遊びに、そして、歴史と伝統を(6)祭りと年中行事・奉仕体験、(7)地域踏査・旅行の七つの中項目に区分することができる。

野外文化の子どもへの伝承のあり方を野外文化教育学的に体系づけると、次頁の図（図3「野外文化教育体系」）のようになる。

野外文化教育は、これからの科学的な文明がいかに発達しようとも、自然と共に生きる人間の本質が変わらない限り、民族、主義、思想、宗教等を超えて、社会人としての共通性や心の安定、幸福感、ゆとり等を育むための必要条件であり、社会生活を営む構成要員の基本的能力を育むためには必要不可欠なことである。しかし、こうした社会的ねらいは変わらなくても、その方法や考え方等は時と共に変化するので、具体的な体験活動については懐古的になるべきではない。

野外文化教育としての体験活動の基本的な七項目の内容を具体的にすると、次のようになる。

（一）自然体験

自然体験は、生物探索、地質観察、観天望気の三つに分けられる。

①生物探索

［植物探索］　草や木はよく注意して見ないと、全て同じに見えたり、緑一色に見えたりする。しかし、「この木の名前は？」と改めて対面すると、植物の特徴に注意を払うようになり、生活文化とのかか

野外文化教育における体験活動

- 自然と生活
  - 1．自然体験
    - 生物探索
      - 植物探索（グリーンアドベンチャー）
        - （ねらい）
          ①自然との具体的な対面
          ②植物名の必要性の認識
          ③植物と生活文化のかかわり
          ④植物の特徴
          ⑤美的情操の陶冶
          ⑥自然の中の会話
        - （実例）
          ①植物の名前10種　②植物の名前20種
          ③植物の名前30種　④植物の名前40種
          ⑤植物の名前50種
          ⑥植物15種から10種を選ぶ
          ⑦植物30種から20種を選ぶ
          ⑧植物45種から30種を選ぶ
          ⑨植物60種から40種を選ぶ
          ⑩植物75種から50種を選ぶ　⑪栽培
      - 動物探索
        - ①名前を知る　②習性を知る
          ③餌を知る　④危険度を知る
          ⑤鳴声の特徴を知る　⑥雌雄の違いを知る
        - ①飼育
          ②近くで観る
          ③鳴声を聞く　④触る
      - 海浜生物探索
        - ①名前を知る　②習性を知る
          ③食べ方を知る　④潮の干満による変化を知る
        - ①採集
          ②近くで観る
    - 地質観察
      - ①岩石の名称を知る　②土質を知る
        ③植物とのかかわりを知る　④地形を知る
      - ①採集　②近くで観る
        ③触る
    - 観天望気
      - ①天候変化の徴候認識　②動物と天候のかかわり
        ③季節風の認識　④四季の天候的特徴認識
        ⑤雷の遠近を知る　⑥星座の認識
      - ①風向と風力の観察
        ②雲の観察
        ③天体観察
  - 2．農林水産業体験
    - ①採集の知恵の養成　②冒険心と挑戦欲の向上
      ③計画力の向上　④努力の実感
      ⑤分業的労働認識　⑥労働意欲の向上
      ⑦共同作業の認識　⑧収穫の実体験
    - ①田植　②刈り入れ　③果実の収穫
      ④植物の移植　⑤土壌作り　⑥家畜の飼育
      ⑦まき作りとけし炭作り　⑧農産加工
      ⑨地引き網　⑩水産加工　⑪木工　⑫植林
  - 3．生活体験
    - ①社会性の向上
      ②体力養成
      ③生活文化の実体験
    - ①火おこし　②燃料集め　③炊飯
      ④自然食の作り方　⑤住い作り
      ⑥ひもの結び方　⑦外敵の防ぎ方

■図3　野外文化教育体系

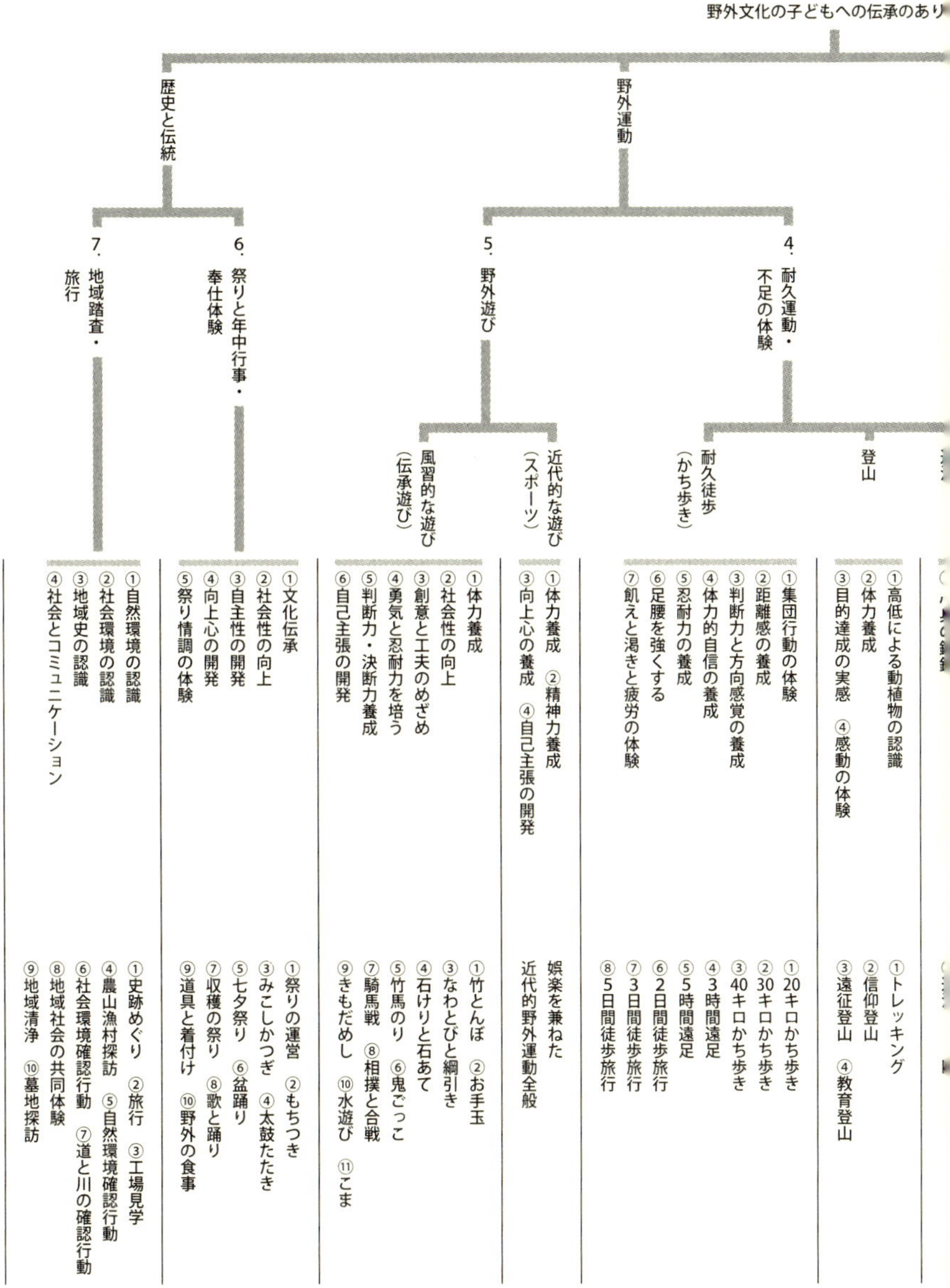
野外文化の子どもへの伝承のあり
野外運動
歴史と伝統
4. 耐久運動・不足の体験
5. 野外遊び
6. 祭りと年中行事・奉仕体験
7. 地域踏査・旅行
登山
耐久徒歩（かち歩き）
近代的な遊び（スポーツ）
風習的な遊び（伝承遊び）
①高低による動植物の認識 ②体力養成 ③目的達成の実感 ④感動の体験
①トレッキング ②信仰登山 ③遠征登山 ④教育登山
①集団行動の体験 ②距離感の養成 ③判断力と方向感覚の養成 ④体力的自信の養成 ⑤忍耐力の養成 ⑥足腰を強くする ⑦飢えと渇きと疲労の体験
①20キロかち歩き ②30キロかち歩き ③40キロかち歩き ④3時間遠足 ⑤5時間遠足 ⑥2日間徒歩旅行 ⑦3日間徒歩旅行 ⑧5日間徒歩旅行
①体力養成 ②精神力養成 ③向上心の養成 ④自己主張の開発
娯楽を兼ねた近代的野外運動全般
①体力養成 ②社会性の向上 ③創意と工夫のめざめ ④勇気と忍耐力を培う ⑤判断力・決断力養成 ⑥自己主張の開発
①竹とんぼ ②お手玉 ③なわとびと綱引き ④石けりと石あて ⑤竹馬のり ⑥鬼ごっこ ⑦騎馬戦 ⑧相撲と合戦 ⑨きもだめし ⑩水遊び ⑪こま
①文化伝承 ②社会性の向上 ③自主性の開発 ④向上心の開発 ⑤祭り情調の体験
①祭りの運営 ②もちつき ③みこしかつぎ ④太鼓たたき ⑤七夕祭り ⑥盆踊り ⑦収穫の祭り ⑧歌と踊り ⑨道具と着付け ⑩野外の食事
①自然環境の認識 ②社会環境の認識 ③地域史の認識 ④社会とコミュニケーション
①史跡めぐり ②旅行 ③工場見学 ④農山漁村探訪 ⑤自然環境確認行動 ⑥社会環境確認行動 ⑦道と川の確認行動 ⑧地域社会の共同体験 ⑨地域清浄 ⑩墓地探訪

わりを改めて認識するようになる。さらに草や木の変化に時の流れや自然の美しさを知ることができる。

植物探索の方法の一つであるグリーンアドベンチャーは、野外文化教育の実践方法として、身近な自然《植物》と対面し、その特徴や生活文化とのかかわりを知るきっかけ作りとして行われる体験活動である。

例えば、作物である「大豆」については、大豆から作られる豆腐、豆乳、卯の花等や枝豆と大豆が結びつけられれば、子どもたちにも関心が高まる。このように、植物と私たちの生活とのかかわりを知るきっかけ作りである。

〔動物観察〕　自然界の動物を注意して見ると、その動物の行動の仕方や食べる餌、鳴き声には特徴があり、その習性や雌雄の違いも分かってくる。そして、人間とのかかわりを知ることによって、危険かそうでないかの判断をする力も身についてくる。

〔海浜生物観察〕　海にいる魚介類、海草等の生物にも、陸上の生物と同様に特有の習性がある。採集したものの料理方法を知り、暖流や寒流のもたらす変化や潮の干満による生物の変化を知ることは、日常生活にかかわりの強いことである。

②地質観察

大地を構成する岩石や土の特徴を調べると、その生成の過程が分かる。地形を調べると自然環境との関連性が分かり、そこに生える植物とのかかわりも分かってくる。

③観天望気

地球は太陽系の惑星の一つであり、その地球を取り巻く自然環境はさまざまな変化を見せている。雲、星、月、風、動物等の特徴や動きの観察によって、天候の変化の兆候や四季の移り変わりが分かってくる。

例えば、ツバメが低いところを飛ぶと雨が近いとか、夕焼けの翌日は晴れるといったような、日常生活の知恵のことで、勘を培う上にも役立つ。

自分の周囲の自然諸現象によって微気象の変化を察知する知恵は、日常生活に非常に役立つ。

(二) 農林水産業体験

食料獲得のための採集労働および栽培労働は、人間の原初的労働である。

採集労働においては植物に関する知識を養成し、冒険心と挑戦欲の向上、計画力の向上を促し、集団的労働では、分業的労働の認識が高まる。また、栽培労働では、生きものを育てることによる労働意欲の向上、育てる努力の実感、共同作業の認識とそれらの効果による収穫の喜びが得られ、働くことの意味を知る。

現在は、働くこと＝お金を稼ぐことだが、その目的は食べ物を得ることだ。もし食べ物がなかったら、いくらお金があっても役に立たない。衣食住に関する物を作る農林水産業は、素朴で大変重要な基本的労働のあり方を知ることができる。

(三) 生活体験

お鍋やお釜がなかったら料理ができないということはない。竹一本でご飯を炊き、汁物を作ることが可能である。

ここで言う生活体験とは、自然と共に生きる生活の知恵を身につけるための、自炊による共同生活のことである。生きる力を培うための体験活動は、道具を使って生活するだけでなく、自然にある物を活用できる知恵を身につけることが重要である。

特に、異年齢集団による野外生活においては、年齢に応じた役割分担等の認識により、社会性の向上、生活労働による知恵の習得、体力の養成や危険に対する判断力の養成等が促される。

(四) 耐久運動・不足の体験

人間の本当の強さは、飢えや渇き、疲労感等を体験的に知っていることだ。疲労しているとき、飢えているとき、喉が渇いているとき、人間は正常ではいられなくなり、知識も技能もふっとんでしまう。いざというときの対処策としては、青少年時代に飢え、渇き、疲労の状態を一回でもよいから体験しておくことである。

不足の体験は、いつの時代でも人を育て、作る。そのため、人類古代からの言葉や文字を使わない人間教育として、作為的にその機会と場を与えてもきた。

①遠泳

年齢によって距離は異なるが、小学低学年は一〇〇メートル以上、中学年は三〇〇メートル以上、高学年は五〇〇メートル以上、中学生は一〇〇〇メートル以上の距離を泳ぎきる体力と精神力があれば十分である。

②登山

匂配に富んだ坂道をひたすら歩く登山では、頂上征服という目標達成への挑戦欲の向上、そして、目標達成時の感動があり、体力や精神力の養成もなされる。また、道中の標高差による動植物の変化も認識される。

③耐久徒歩（かち歩き）

長い距離を飲まない、食べないで歩く耐久徒歩である〝かち歩き〟には、共通の目的を持った集団行動の体験があり、自分の足で具体的に認識する距離感の養成、判断力と方向感覚の養成、足腰の強化、体力的自信および忍耐力の養成がなされ、飢えと渇きと疲労の体験が得られる。

東京の新宿から青梅までの四三キロかち歩き大会に参加し、完歩することができれば、いかなる状況下でもより早く、正常に判断する力が養成される。これこそ都会に暮らす者の防災に必要な心得でもある。

（五）野外遊び

①近代的な遊び（スポーツ・野外レクリエーション）

規則の確立した近代的な野外運動のねらいは、体力・精神力の養成、自己啓発による技術的・精神的向上の養成である。このような規則が確立した近代的な遊びには生活感がなく、一般的に「スポーツ」と呼ばれている。

その他に、アメリカ的な野外レクリエーションがある。アメリカでは、この野外レクリエーションを〝アウトドアアクティビティ〟と呼んでいるが、日本ではこれを「野外活動」と翻訳し、キャンプを中心として、サイクリング、ハイキング、水泳、ボート、カヌーのようなスポーツ的要素の強い活動になっている。

②風習的な遊び（伝承遊び）

規則が確立していない風習的・伝統的な遊びには、古からの生活とのかかわりが反映されており、成年式から来た遊びである力だめしや俵かつぎ、肝試し等に見られるように、体力および勇気や忍耐力の養成、また判断力や決断力の養成をねらいとするものがある。その他には、社会性の向上、創意と工夫のめざめ、自己主張や諸々の能力の開発をねらいとしているものもある。

このような風習的な遊びを民俗学的に〝伝承遊び〟と呼んでいる。なお、野外を中心として行われる伝承遊びを〝野外伝承遊び〟としている。

野外伝承遊びは、二人以上が共に活動する遊びで、しかも親や祖父母が体験的に知っている遊びの総称である。

野外文化教育としての遊びには、仲間・規則・競争が必要である。子どもが夢中になって遊ぶのは勝ち負けがあるからだ。しかし、野外レクリエーションとしての遊びには、仲間・時間・空間の三間が必要とされる。

例えば、野外伝承遊びの一つであるビー玉遊びで、子どもたちにビー玉を五個ずつ渡し、数時間後に一個一〇〇円で買い取ってやるとしたら、自分たちでルールを決めてビー玉を取り合う遊びをする。

各自ができるだけ多く勝ち取るために努力・工夫し、時間を忘れて真剣に勝負するだろう。こうした勝ち負けのある遊びは世界中にあり、人間性、社会性、規則、道徳、価値観、勘といった生きる基本的能力が培われている。

しかし、今日の日本では、賭博的要素のある遊びは禁じられている。漫然と遊ぶレクリエーション的遊びは長く続けられないし、生きる力を養成するようなことはない。

野外伝承遊びは、勝つ喜びと負けた悲しさ、勝った者が負けた者に対する態度のとり方、負けた者が次に勝つためにどのように工夫すればよいのか等を体験的に知ることができ、人間力の養成にとって非常に重要な体験活動である。

(六) 祭りと年中行事・奉仕体験

地域社会における祭りと年中行事は、地域社会の構成要員による文化伝承の機会と場を与えるものであり、社会性の向上、自主性・向上心の開発を行い、祭り情緒や故郷観を培うものである。日本の祭りは宗教的行事というよりも、地域社会の団結力、生活文化の伝承を促す社会的行事で、稲作文化における生活習慣とも言える。

戦後の状態が部分的には今も続いている日本は、地域の生活文化・伝統文化の継承を軽視してきたが、言葉、道徳、規則、風習等、文化を共有するためには、祭りや年中行事、奉仕体験等の異年齢集団による体験活動が必要である。

（七）地域踏査・旅行

地域社会の探訪を行うことは、その地域の自然環境・社会環境や歴史等の特徴を知ることである。また、旅先などで地域踏査をすれば、自分の住む地域との対比ができ、認識を深めることができる。生まれ育った地域（五～六歳から十一～一二歳まで住んだところ）が、その人の風俗習慣、人間性、社会性の原点であり、ふるさとである。地域の街やお墓、お城、田畑、山、川、海等を見て回ることが「地域踏査」で、それを拡大し、他地域や他国に行くことを「旅行」とする。

自分の原点を知ることは、自分自身を知ることであり、ふるさとを愛することである。地球上のどこにいても、私たちの心は瞬時にしてふるさとに戻ることができる。

近代的な学校教育制度以前の青少年教育は、いかなる民族、いかなる国もこれら七項目について、共通または共同の体験をさせることによって学習させる、伝統的な体験的教育のことであり、基本的には今もまだ続いている。

この七つの項目は、いかなる国の言葉に訳しても理解されることであり、この諸要素を知らずして人類共通の理解を深めることはできない。国際化を望むなら、これらのことをまず自国語でしっかり認識しておくことである。

具体的な活動の実例、すなわちプログラムは、民族や地域によって異なる。ここに列記した実例は、日本的なものである。ねらいさえしっかりしていれば、具体例はいくらでもあり、これらは一例でしかないので、プログラムにこだわる必要はない。

今、私たち大人が勇気を持ってしなければならないことは、社会的刺激や情報量が多くて疲れきっている少年たちに、体験知を豊かにさせる野外文化教育としての体験活動をさせる機会と場を与えてやることである。

五．体験活動によって起こる心理作用

人の子は、きわめて未熟な脳を持って生まれてくる動物である。そのような動物的人間の〝ヒト〟から、社会的・文化的人間の〝人〟になるためには教育されなければならない。人の子の動物的〝ヒト〟は、十歳前後になってやっと社会的〝人〟になれると言われている。

人間は、生まれる前から人間の形をして成長はしているが、神経は五歳頃から大きく発達しはじめて、平均すると九歳が発達のピークになるとされている。ということは、この頃が、神経細胞の樹状突起が盛んに発達して、脳の神経線維が髄鞘化し、刺激に応じて神経回路網が最もよく作られるということである。そして、徐々に発育量はなだらかになり、神経の成長は十四歳頃でほとんど止まって

しまうそうだ。神経の発達は、心の成長とも大きくかかわっているので、精神的能力を身につけるには、神経の成長が大きい九歳前後が最も大切な時期と言える。一般的に、六歳頃から十四歳前後までの少年期に身につけた精神的能力が、価値観や生活態度の基礎となると言われている。

野外で異年齢の子どもたちに遊びや自然体験・耐久運動・生活体験等をさせるのは、少年教育の手段であって目的ではない。体験活動の目的は、一人前のよりよい社会人に成長させるために必要な、好奇心、行動、理解、納得（感動）、使命感等の心理作用を精神的・身体的・知能的・社会的に起こさせることである。

少年教育に必要な体験活動の目的は、このような心理作用を四つの型で起こさせることによって、言語能力を向上させ、道徳心を養成し、自然や人、郷土愛を培い、習慣的な生活文化を体得させ、情緒や情操の心を豊かに培い、体力や精神力の養成を促して、人間力を向上させることである。

これからの科学的文明社会に対応する少年教育としての体験活動の究極の目的は、人間力を高めて生きる力を強くし、よりよく生きる社会人を育成することだ。

次頁の図（図４「体験活動によって起こる心理作用」）は、四つの心理作用の起こり方を図示したものである。

始まりは、まず、好奇心を持ち、直感的に行動することだ。動物のオスは、好奇心旺盛で直感が強く冒険好きだと、よく言われる。そのためにオスは一匹で行動することが多く、メスは徒党を組んで

■図4　体験活動によって起こる心理作用

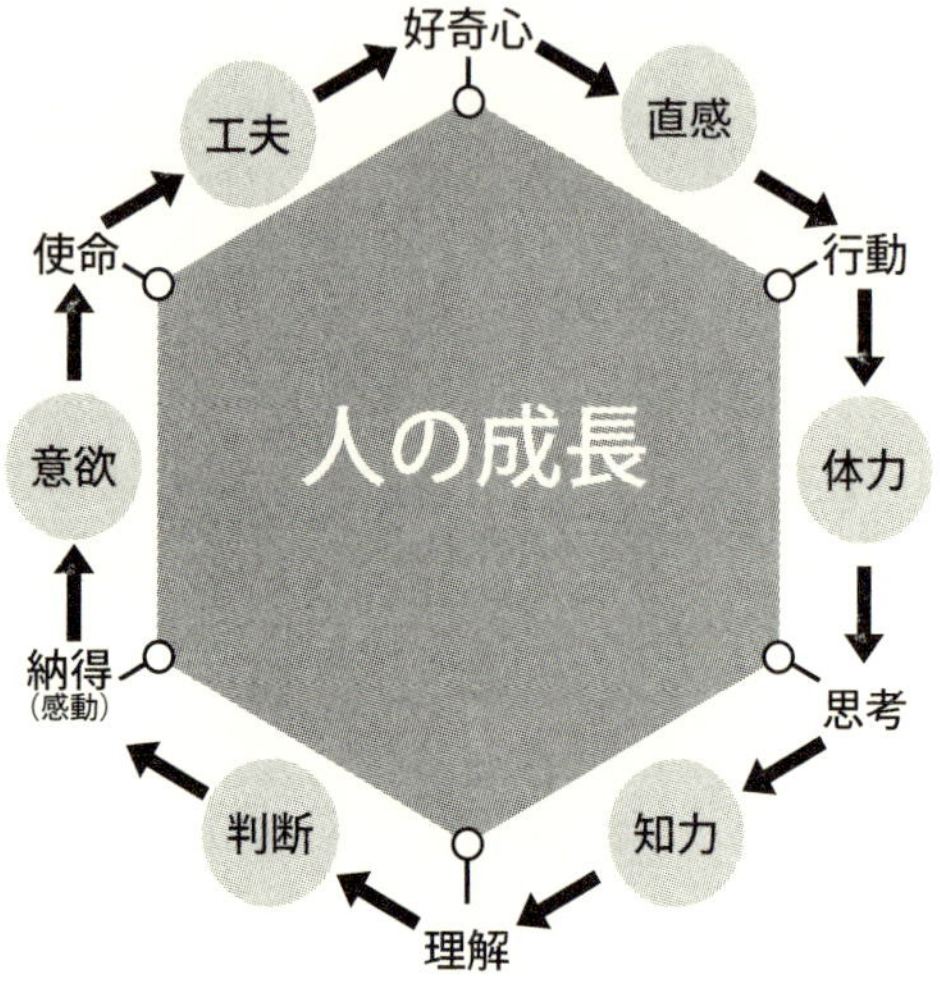

好奇心（直感）　精神的心理作用
↓
行動　（体力）　身体的心理作用
↓
思考　（知力）　知能的心理作用
↓
理解　（判断）　知能的心理作用
↓
納得　（意欲）　知能的心理作用
（感動）
↓
使命　（工夫）　社会的心理作用

行動することが多いのだそうだ。最近は男女平等の社会だが、権利や義務は平等であっても、男女には本能的な区別があり違いがあるから、お互いに引き合っておもしろいのだというのが、私の考えである。

次に、好奇心を持って行動に移すかどうかだ。ほとんどの人は好奇心を持つはずだが、じっとして行動しないのが三十数パーセント、行動したいと思ってから長く時間をかけて行動するのが三十数パーセント、その時すぐに行動するのが三十数パーセントである。好奇心を持ってから行動するまでに働くのが精神的心理作用、行動するときに働くのが身体的心理作用である。

行動すると、それに対する結果が生じる。よかったか悪かったかの思考（知力）があり、さらに、それを判断し、理解して理屈で納得する。これらは知能的心理作用によるものだ。好奇心を持ってから行動した者のうち、行動に対して納得するところまでいくのが、三十数パーセント、全体の二十パーセント程度である。

納得すると、他人に伝えたいという気持ちが自然と生じる。例えば竹とんぼはどうして飛ぶのかについては、物理学を勉強した人は「飛翔力」を習って知る。水鉄砲は「圧力」によって水が飛ぶ。その他にも、「重力」「浮揚力」「支点」等について習うが、少年時代に遊び体験のない人は、言葉や文字を使っていくら習っても、実際にはなかなか理解できないのではないかと思う。

私は、高校で物理を勉強したときに初めて、竹とんぼが空気を押して上昇するしくみを知り、なるほどと感じて納得した。子どもの頃、飛距離の競争に勝つために、どうしたらもっとよく飛ばせるか、一生懸命考えてずいぶん工夫したものだ。飛翔力の原理を習ったときに、だから竹とんぼがよく飛んだのだ、ということが学問的に理解でき、納得することができた。だから体験活動の中に竹とんぼを取り入れている。

私たち自身にこうした経験がないと、本当の意味では子どもに竹とんぼを教えることはできないだろう。近年、物理嫌い、科学嫌いの青少年が多いと聞くが、幼少年時代に遊びの経験が少ないことが原因の一つではないかと思う。何より、向学心というのは少年期の体験に関する知的欲望の裏づけである。たとえ大学の工学部に入って航空力学を学んでも、竹とんぼを知らなければ、原理を具体的に理解することはなかなかできないだろう。教員が、子どもたちに物事をどう伝え、教えるかについては、それぞれが体験を通じて自分なりの工夫をこらすことだ。工夫するところにさまざまな喜びと新しい好奇心が生まれる。何より、体験の裏づけとして学問的に理解でき、納得すれば、教え方は自然に工夫されるし、子どもたちが分かりやすいように教えられ、積極的になれるはずだ。思考、理解、納得するために働くのが知能的心理作用で、納得すると他人に伝えたくなり、伝承の使命を感じたときに働くのが社会的心理作用である。

人間教育としての体験活動の目的は、このような四つの心理作用を起こさせて、子どもたちの心身の成長を促すことである。

第3章

体験活動の目標と指導

一. 体験活動の教育目標

野外文化教育としての体験活動の目標は、よりよい社会人の育成であり、生きる力を培うことである。だから、体験活動そのものはよりよい社会人を育成するための手段であり、仕掛けであることを承知しておくことである。

そのことを分かりやすく図解したのが、次頁の図（図5「体験活動の目標」）である。この図のように本来の目標は、図の根っこの部分である体験活動を通じていろいろな心理作用を起こさせ、人間力としての生きる力を培って、よりよい社会人を育成することである。

ここで言うよりよい社会人とは、社会に共通する文化としての基本的能力を身につけた心身の健康な人、野文人のことである。そのためには、生きる力の向上や人間力の向上、そして生活文化の習得がなされ、よりよい人間的状態が保たれていることである。

(一) 生きる力の向上

生きる力とは、社会に共通する文化としての基本的能力のことである。

■図５　体験活動の目標

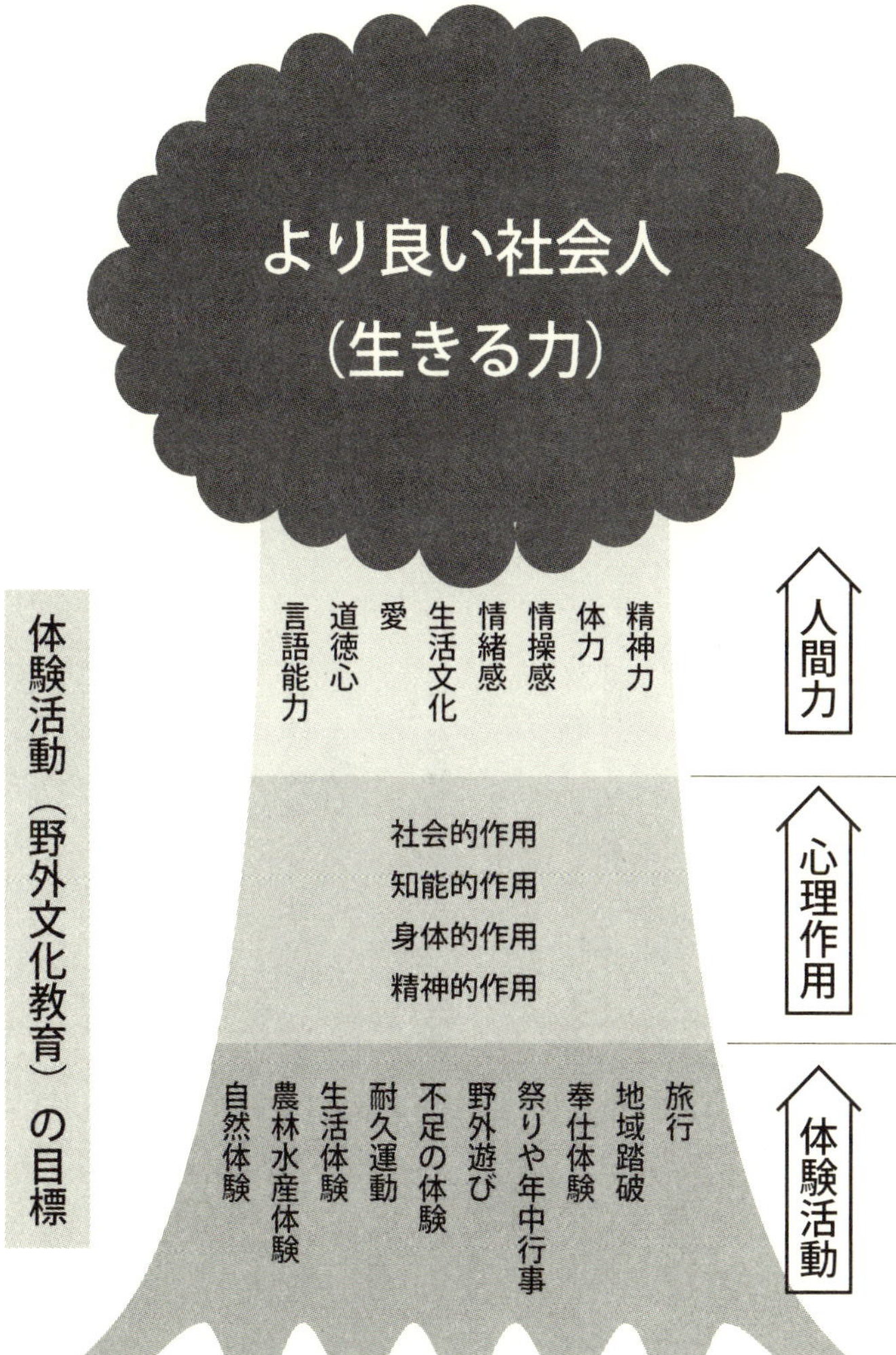
より良い社会人
（生きる力）
体験活動（野外文化教育）の目標
精神力
体力
情操感
情緒感
生活文化
愛
道徳心
言語能力
社会的作用
知能的作用
身体的作用
精神的作用
旅行
地域踏破
奉仕体験
祭りや年中行事
野外遊び
不足の体験
耐久運動
生活体験
農林水産体験
自然体験
人間力
心理作用
体験活動

社会人として生きるに必要な基本的能力を表にすると、次のようになる。

基本的能力（生きる力）
- **知恵**
  - **習慣的能力**（家庭中心）——（衣食住、安全、衛生、言葉、道徳等の認識）
  - **精神的能力**（地域社会・学校）——（思いやり、親切心、努力心、忍耐力、意欲、正義感、責任感、自尊心等）
- **知識・技能**（学校中心）——判断力、理解力、協調性、技術等
- **体力**
  - **行動体力**（学校・地域社会）——（走る、跳ぶ、投げる、打つ等の動作とこれらを複合した運動のできる力）
  - **防衛体力**（家庭・社会・学校）——（暑さ、寒さ、湿度、日光、細菌感染、寄生虫、精神的苦痛、疲労、睡眠不足、飢餓等に耐える力）

知恵には習慣的能力と精神的能力がある。習慣的能力とは、衣食住、安全、衛生、言葉、道徳等に

関する認識のことで、家庭教育によって身につくとされてきた〝しつけ〟のことである。

精神的能力とは、思いやり、親切心、努力心、忍耐力、意欲、正義感、責任感、自尊心等のことで、「素養」とか「たしなみ」と表現されていた。素養は、地域社会でのいろいろな体験活動によって身につくものであった。

知識・技能は学校教育中心に教えられ、判断力、理解力、協調性、技術等が身につき、心が豊かになる。

体力には行動体力と防衛体力がある。行動体力とは、走る、跳ぶ、投げる、打つ等の動作と、これらを複合した運動のできる力のことである。防衛体力とは、外部の変化に適応し、ストレスに耐える力のことである。

ストレスの要因としては、物理的要因（暑さ、寒さ、湿度、日光等）、生物的要因（細菌感染、寄生虫等）、生理的要因（精神的苦痛、疲労、睡眠不足、飢餓等）がある。

今日の日本の子どもたちは防衛体力、すなわちストレスに耐える力が弱くなっているのだが、これら三つのストレスを起こす要因を克服するには、少年時代に野外でいろいろな体験をしておくことである。

生きる力を向上させるには、このように社会に共通する文化やストレスに耐える防衛体力を、少年時代の体験活動によって身につけておくことが重要である。

（二）人間力の向上

〝人間力〟はよく使われる言葉であるが、その内容や意味についてはあまり説明されていない。そこで、ここでは野外文化教育学的に人間力の概念について説明する。

人間力とは、①言語能力、②道徳、③愛、④風習、⑤情緒・情操の心、⑥体力、⑦精神力等を総合したもので、これらを身につける度合いによって、変わるものである。その七つの内容について説明すると次のようになる。

①言語能力

生活用語としての言葉は、生まれて間もなくから周囲の人々の口まねをし、表情や、行動等をまねながら自然に覚える。この方法や意味を考えたりせず無意識に話せる生活用語を〝母語〟としている。形よりも心を求める母語は、地域性が強く、親や周囲の人々からのすりこみ現象によるものである。原体験がなく、文字で習い覚えた言葉は母語とは言えない。今日の国語が日本人にとって必ずしも母語でなくなっているのは、原体験がなく、学習によって覚えた標準語と呼ばれる言葉になっているからである。

ここで言う言語能力とは、日常的に使われている生活用語による理解力、表現力、想像力のことである。それに対し、国語は国家機関が決めた言語で、文法や文字、解釈が決められている。

日本語にはたくさんの方言があり、母語があるが、日本の国語は一つである。日本人にとって日本語は母語であるが、国語が母語ではない人もいる。生活用語としての日本語は日常的に覚えるが、国語は教科書やラジオ、テレビ等で覚えた標準語とされている日本語である。

人間力にとって重要なことは、母語としての日本語をしっかり身につけ、判断力、理解力、表現力を高めることである。

②道徳

道徳とは、社会生活の秩序を保つために、一人ひとりが守るべき行為の基準であり、人の踏み行うべき道のことである。ということは、社会の成員相互間の行為の善悪を判断する基準として、一般的に承認されている規範の総体でもある。しかし、法律のような強制力を伴うものではなく、個人の内面的な原理で、社会で生きるための倫理観のことである。だから、学問や教育のためにあるのではない。社会生活の現場に必要な道徳は、社会的危機管理能力であり、文化でもある。

③愛

愛は大変複雑で分かりにくいものだが、誰かと一緒にいたい、誰かのそばにいると大変楽しい、安心だという気持ちであり、誰かを大切に思う気持ちである。少年時代に誰かと共にいたい、遊びたい、一緒にいると楽しいという気持ちが培われていないと、大人になって愛を具体的に芽生えさせることは難しい。愛は絵に描いた餅ではなく、最も身近にあって、みそ汁や漬物のようなものである。その愛には人間愛、自然愛、郷土愛等がある。

④風習

風習はその地域で広く行われている生活上のさまざまならわしやしきたりのこと。その土地でいつも行われている衣食住等の仕方、あり方としての風習は、少年時代に身につけていないとなかなかなじめない。

子どもの日常生活にとって大事なことは、地域社会の風習を体験的に見覚える機会と場に恵まれることである。

⑤情緒・情操の心

情緒とは、喜怒哀楽の感情のことである。子どもは、遊びの中で負けたら悔しくて怒り、勝ったら嬉しくて楽しい気持ちになる。そして、遊んでいる時は競争心が強いが、終わると仲良くなる。別れる時には淋しく、悲しい思いをする。喜怒哀楽の感情は、欲望がまだ社会的でない少年時代に、遊び体験等を通して身につけると正常に培われる。

情操は感動する気持ちで、「あの人は素晴らしい！」「自分もあんなに上手になりたい」「あんな人になりたい」と思うことである。

物の美しさや遊ぶ技術の上手な人等、何かに感動して、少年時代に憧れを持つことができれば、感動する心は大きく育つ。

最近、情緒不安定な子どもだけではなく、情緒不安定な大人も多くなっている。幼・少年時代にテレビやテレビゲーム、コンピューターばかりを相手にし、人と話したり遊んだりせず怒ったり悲しんだりした経験が少ないと、情緒不安定になりがちだと言われている。

豊かな情緒感は社会生活にとって非常に重要なので、少年期にしっかり培っていないとよりよい社会人にはなれない。

⑥体力

体力には行動体力と防衛体力がある。行動体力を培うことは多くの人が承知しているが、防衛体力を培うことの重要性には気づいていない人が多い。より健康な社会人、野文人を育成するには、少年期に防衛体力を培わせることが必要である。子どもが自ら気づくことはまずないので、大人が作為的にその機会と場を作ってやる必要がある。

⑦精神力

よりよい社会人にとっては肉体もさることながら、精神力を培っておくことが重要である。体力、忍耐力とも精神力によって支えられているので、少年期に〝かち歩き大会〟等に参加して、不足の体験や鍛錬などによって培っておくことが必要だ。

(三)生活文化の伝承

生活文化とは、その土地になじんだ衣食住の仕方、あり方、風習、言葉、道徳、考え方等の生活様式としての伝統文化であり、社会遺産である。

地域社会の少年教育の一番のねらいは、体験を通じて生活文化を伝えることであったが、今日の日本では、戦後の伝統文化否定の風潮によって、あまり伝えられてはいない。

地域の自然と人間のかかわりによって培われ、世代ごとに改善されながら何百年も続いてきた習慣的な生活文化は、社会にとって大変重要な遺産である。

私たち日本人が、日本で生まれ育っていながら日本の生活文化を知らないということは、よりよい社会人になれていないことであり、よりよい社会になっていないことでもある。

今日の公教育は、進学・就職のための受験教育中心になっているので、安全・安心な生活のできるよりよい社会にするには、生活文化の伝承を大前提にした体験活動が、一層必要になっている。

人間は本来、男と女の両性があり、結婚というのは男女が生活を共にすることである。しかし、今日の日本では未婚率や離婚率が非常に高いし、中性的な人もいるので、複雑な社会ではあるが、一般的な男女が生活を共にしてうまくいかないのは、主に生活を共にする共通要素である生活文化を身につけていないからでもある。成人した男女は生まれた所も育った家も別々なので、違った風習を身につけている。だから、食べ物、風俗習慣、ふるまい等の違いをお互いに理解しようとしなければ、うまくいかない。私たちは相手を理解する根底に、類似する共通の生活文化を身につけていなければなかなか分かりあえない。

二人以上の人がよりよく生活を共にするには、類似の共通体験によって培われる暗黙の了解事項としての生活文化が必要である。そのためには、少年期に一週間から一〇日間の自炊による共同宿泊生活体験をしておくことである。

今日では、中性的な人だけではなく、結婚しない人も多いが、言葉や風習の異なる異性と国際結婚する人も多い。いずれにしても、二人以上が生活を共にすることのできる必要条件は、少年期に生活文化を体験的に身につけておくことだ。そうすれば、主義、思想、宗教、民族が異なっても、人間に共通する生き様や生き方を理解しあえる。

(四) よりよい人間的状態の向上

豊かな情報文明社会の生活に疲れている人々の多い今日、よりよい人間的状態には、健康な肉体と健全な精神が必要である。

①健康な肉体

健康な肉体を育み維持するためには、体によい食べ物と適度な運動が必要。動物である人間は常に適度な運動をしていないと、筋肉が萎えたり関節が硬直して柔軟性を欠いてしまう。

食べ物は、本来自然にある有機物を食べていたのだが、科学や技術が発達し、人工的な食べ物や添加物、農薬等が私たちの身の回りにあふれるようになり、知らないうちに口にすることが多くなった。このような人工物が原因で内分泌作用がかく乱され、不健康になることがある。

今日の少年教育でまず気をつけなければならないのは、常に口にする食べ物だ。いかに努力して人づくりをしようとしても、肉体が健康でないとうまくいかない。

②健全な精神

健全な精神を維持するためには、よりよい自然環境と社会環境の二つが必要。

人間は大変身勝手な動物なので、社会（仲間）の中で生活していると、時には豊かな自然（孤独）の中に身を置きたくなる。健全な精神を維持するには、この両方が希望によってかなえられることが必要である。

ここで言う健全な精神のあり方を表にすると、次のようになる。

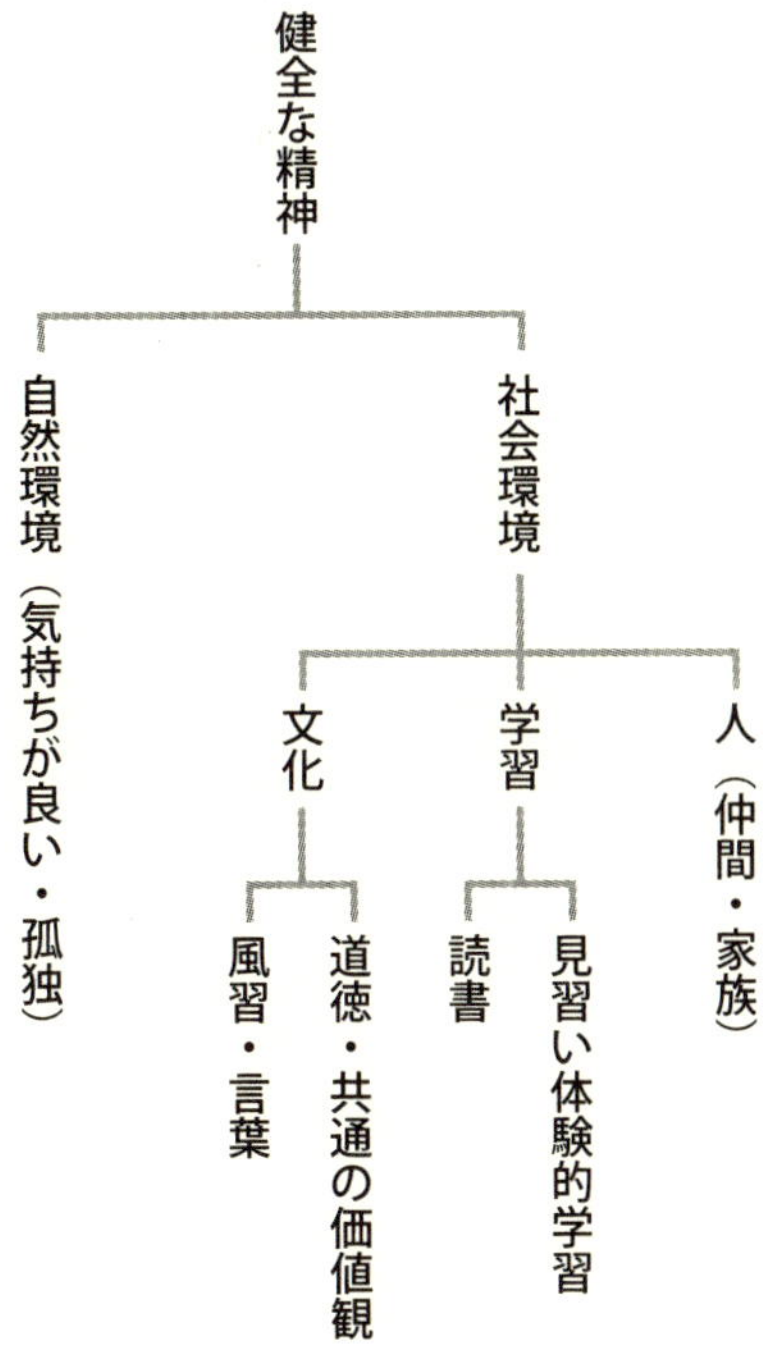

よりよい社会人である人づくりに最も大切なことは、心身の健康である。健康はスポーツや医療や生活環境によってのみ維持できるものではなく、命の源である食べ物が重要。その食べ物の三大必要条件は、新鮮、おいしい、体によい、ということである。

有機物である食べ物は画一化が困難なので、色や形、見栄え等は、さして重要なことではなく、安全が第一である。

経済的観念と科学技術の発達した今日、見栄えや便利さが優先され、生活技術が向上した代わりに、健康管理や生命維持に気配りが必要になってきた。

よりよい人間的状態を維持するためには、まず体によい食べ物が必要になった。食べた本人には影響がなくても、次の世代やその次の世代へと遺伝子によって伝わる可能性がある。これは大変恐ろしいことで、便利で安全で幸福な社会を求めて努力・工夫してきたのだが、高度に発展した科学・技術が作り出す、一種の生き残り戦争の始まりなのかもしれない。

手間ひまかける子育てに最も重要なことは、やはり手間ひまかける安全な食べ物である。

二、体験活動の教育的効果

野外文化教育は、社会人としての基礎・基本を身につけることができるような内容とすることが大切で、具体的には体験活動を通じて行われる。

少年にとっての体験活動は、生きる意欲や喜び、知恵や情操等を、実体験を通じて学び、知的欲望と体力の養成を同時に満たす、きわめて重要な体験的学習の機会と場である。

ここでいう体験活動のねらいは、精神的効果、身体的効果、知能的効果、そして社会的効果の、四つの教育的効果があげられる。

(一) 精神的教育効果

精神的教育効果とは、集団的体験活動を通じて、勇気、忍耐力、意欲、感動する心を培わせることである。

①勇気

年齢の異なる遊び集団の中で、お互いに技を競いあう時、弱い者も年少者も、うまいとされる者とぶつかったりすると、強い相手に向かう意志が働き興奮する。勝ったり、負けて再挑戦したりの繰り返しの中から勇気が育まれる。

②忍耐力

遊び集団の中では、どんなに腕力があっても、どんなに知識があっても、自分が負ければ馬になって他人を乗せたり、鬼にならなければならないので、いやなことにも耐えなければならない。

また登山や長い距離を歩く〝かち歩き〟は、目標地点を定めているので、目的達成の喜びを得るために耐えて歩く。

③意欲

少年期には何をしても初めてのことが多いので、始める前には不安や期待感が強い。そして、成功裏にできた時の快感が強く、それを再度求める気持ちが意欲を起こさせる。

④感動

登山は、高度が増すごとに苦しさが増してくる。その苦しさに打ち克って頂上に立つと、気分は晴れ晴れとし、目標達成の感動を味わう。また、三〇～四〇キロの長い距離を飲まず食わずで歩く〝かち歩き〟も、飢えや渇きや疲労等の煩悩に打ち克って歩き通すと、苦しかったが故の目標達成の喜びが強く、感動を味わえる。

(二) 身体的教育効果

身体的教育効果とは、体力(行動体力・防衛体力)、持久力、瞬発力の養成のことである。

①体力の養成

私たちが環境に適応・順応して生きるに必要な体力には、行動体力と防衛体力があることはすでに述べた。

○行動体力の養成

子どもの遊びにおける鬼ごっこや縄跳びは、走力、跳躍力や敏しょう性を、馬乗りや木登りは筋力、持久力や柔軟性を養うことができ、片足跳びでは足腰を強くし、竹馬やケンケン遊び（石けり）では平衡感覚を、ボール遊びでは遠投力やキック力を養成することができる。

私たちは、生まれながらに物を投げる、打つ、走る、跳ぶ等の行動体力のある動物ではなく、生まれてから日々の活動や訓練によって、肉体的機能が開発されるものである。

○防衛体力の養成

防衛体力とは、外界の変化に適応し、ストレス（体に害のある肉体的・精神的な刺激）に耐える能力のことである。

人はストレスによって不快感を覚えたり、体力や精神力に支障をきたして病気がちになるので、防衛能力が弱ければ、アレルギーや気管支炎、じんましんを起こしやすく、脳貧血を起こして倒れたり、風邪を引きやすく、暴力的になりやすい。

現代の子どもは、冬の寒い空気や夏の暑い空気のような厳しい自然条件下に身をさらすことが少ないので、皮膚や気管支の粘膜等が鍛えられていない。だから、いろいろな気候条件下に身をさらす機会を作り、外界の変化に対応できる適応性を高め、肉体の機能を拡大させ、生存力の基礎をしっかり養成することが望まれる。

②持久力の養成

持久力を養成するには、心身に軽い負担をかけ、同じ動作を同じリズムでゆっくり長く続けることが必要である。登山やかち歩き、遠泳等はやや単調な動作の繰り返しではあるが、持久力を高めることができる。

③瞬発力の養成

動作の敏しょう性は反射神経に左右され、体の動きの反応の速さ遅さ、および瞬時における力の大小は、後天的な訓練によるところが大きい。

野外遊びによるかけっこ、縄跳び、高飛び等のような単純な動作の繰り返しは、瞬間的な力が要求されるものであり、筋肉の瞬発力を養成する。

(三) 知能的教育効果

知能的教育効果とは、直観力、決断力、判断力等を養成し、〝勘〟を培うことである。

勘は少年期のいろいろな体験を通じて徐々に培われ、いろいろな状況に対応して的確に判断するに必要な直感力である。瞬間的な判断を迫られる場面は、日常生活においてしょっちゅうあることで、いざという時に臨機応変に対応するには勘が培われていなければならない。勘は自然的危機管理能力であり、生きる力でもある。

①直感力

少年時代の野外でのいろいろな体験は、周囲の状況を本能的に判断することが多く、僅かな情報や現象に反応する野性的な感性・直感力を養成する。

②決断力

知識や情報が少なく、比較する対象をあまり持っていない少年期には思い切りがよく、何でもごくあっさりやってしまう。こうした直感的な判断が行動力や決断力を徐々に培う。

③判断力の養成

少年期の体験には初めてのことが多いので、その場におけるまわりの環境や状況について自らの意志によって注意を払わねばならない。そうした緊張感によって、その場の自然的・社会的圧力に応じた判断をする力が磨かれていく。

（四）社会的教育効果

社会的教育効果とは、社会性の向上、創意工夫のめざめ、自己啓発等を促すことである。

①社会性の向上

野外伝承遊びは単純だが規則や役割があり、単なる遊びの技術だけでなく、他人を意識し、自分の役割や責任を果たしていくことを学習させられる機会と場である。異年齢集団の行動は、まさしく集団性、社会性、人間性の向上を図るには最適な経験である。

②創意工夫のめざめ

野外伝承遊びにおいては、自分の遊び道具を作ったり、それをよりよく改善する努力と工夫の成果によって、創意工夫の喜びを覚える。つまり、道具を使う遊びの中に努力と工夫の必要性を感じ、その効果的結果に歓喜することによって、創意工夫の大切さを知る。

③自己啓発

子どもは、親以外の他人との共同体験によって、自分の欲求を押し通す時期を経て、自己主張の仕方を覚える。こうした体験を重ねることによって自らに新しい課題を課し、うまく対応できることによって、よりよい自己主張の仕方を習得していく自己啓発がなされる。

少年は、いろいろな体験を通じて知らず知らずのうちに、このような四つの教育的効果が発揮されて、社会の中で一人前の成人になるための準備がなされている。だから、十歳の小学生がいろいろな体験をしたところで、すぐに体験知を豊かにして大人になれるわけではない。しかし、その後一〇年かかって、精神的・身体的・知能的・社会的教育効果が徐々に高められることで、二十歳としての体験知を豊かにして、いっぱしの大人になったと評価され、自覚することによって成人するのである。

三、体験活動の指導のあり方

(一) 公的側面の重視

少年教育の目的は、時代と共に変わりやすい個人の知識や技能を高める私的側面と、他人と共に生きる社会人としての基本的能力を育む公的側面があるが、野外でのいろいろな体験活動を通して行う体験的教育は、主に変わりがたい公的側面を培うためである。

人間は、生まれながらにして文化を身につけているわけではなく、生活の模倣と訓練などの体験的学習によって公的側面の文化を習得して、初めてよりよい社会人になれる。

これからの国際化する文明社会に対応する少年教育にとっては、まず地域社会に生きるに必要な生活文化を伝え、教える公的側面が重要である。

（二）社会化の促進

社会を安定・継続させる教育は、まず地域社会に生きる社会人に必要な生活能力を育成することである。ところが、日本の教育は、昭和四十年頃からそのことを忘れかけ、小学六年間、中学三年間、高校三年間に必要な知識・技能を習得させる進級・進学用の学力中心の教科書による学校教育だけになっている。

日本の平均寿命は世界一だが、人生八十年の生き方、生き様等の「生きる力」の基礎・基本は、誰が、いつ、どこで子どもたちに伝え、教えているのだろうか。個人的に生きる力もさることながら、社会的に生きる力も必要なのである。

いつの時代も、少年がよりよい社会人に成長し、よりよく生きるためには、地域社会の生活文化の共有が必要である。それにはまず大人が地域の子ども・後継者を育成する努力をすることだ。

これからの国際化する文明社会においても、まずは地域社会になじませる社会化教育によって、社会人としてのアイデンティティーを促すことが重要である。

（三）人道的指導

これからの少年教育にとって、ますます重要になってくる生活文化を伝承する体験活動の指導のあり方は、知的・技術的なことよりも、自然と共に生きる知恵としての人間学的観点が必要である。

例えば、そば打ちを指導する場合、まず指導者自身を紹介し、自分の幼・少年時代の食事や体験したことについて話し、そばとのかかわりを伝える。そして、作り方を話し、子どもたちとそば打ちをしながら、自分とそばの自然的・社会的かかわりを伝え、共に食べながら味わい方を語り、全人格を子どもたちにぶつけることが必要だ。

今日の子どもたちは合理的、効率的、機械的、情報的な世界に生まれ育ち、人間疎外による閉鎖感が強いので、指導者を話す機械、ロボット的に感知し、話されている意味・内容を理解しようと努力することが少なく、上の空で聞き流す。だから、指導者の人間性を見せつける、生身の人間らしい人道的な指導が必要なのである。

指導者は、子どもたちに好かれるよう、嫌われないようにしようと考えて迎合する必要はない。人間的評価は、その時々の子どもたちにまかせておき、ときどき、体験知の乏しい子どもたちが驚くような知恵ある大人の力を発揮すればよい。子どもたちは、自分たちとは違う大人のあり方を見習いたいし、近づきたいのである。

子どもは社会の宝であり、後継者であり、自分の安全・安心な生活を支えてくれる力であり、仲間であることを認識すれば、指導する立場の人は誰でも、自分の全てを伝えたい、伝えようと努力・工夫しがちになる。

私たち大人は、特に老人は、長い間培ってきた無形文化財としての知恵や技術を伝承して、この世にしっかり残すことのできる意義と喜びを感じることができれば、最高の生きがいである。

いつの時代も、子どもたちはそんな独断的な価値観を主張する大人を乗り超えて一人前になり、自分たちの時代を形作っていく。

四．よりよく生きる体験活動のすすめ

物が豊かで平和な、しかも生きる目的や意義を感じ難い、不透明な不信社会に生まれ育つ少年期の子どもたちにとって、人間力を高める最も大切な体験活動は、人類がこれまで体験してきたと同じような、物の不足や不便、暗闇、徒歩、自然、農作業、自炊、遊び等の素朴な体験である。これらを受けて、青少年交友協会が三五年以上も実践してきた〝かち歩き〟と〝グリーンアドベンチャー〟の二例を、文明化に対応する野外文化教育としての体験活動の例として紹介する。

（一）医療に勝る〝かち歩き〟

①自己鍛錬

「かち歩き」はマラソンではない。マラソンは走るという不自然体でより速く目的地に着くことを目的とするスポーツであり、かち歩きは、歩くという自然体で長く歩き続ける自己鍛錬である。だから、ハイキングや遠足、登山とは目的が少々異なっており、ましてや競歩とも目的が違う。しかし、歩くという行為は類似している。

マラソンは一時間以上も走り続けると水分補給をしないと脱水状態になりがちで、生命に危険を及ぼすこともあるが、かち歩きは、汗をかかない程度の一時間五キロくらいの速さで長く歩く自己との戦いなので、心身の限界にくれば、自分の判断でいつでもやめればよい。

昭和四十四年十二月に東京で始まった青少年教育としての〝かち歩き大会〟は、長い距離を飲まない、食べないで歩く、異年齢集団の活動なのである。〝かち〟は〝徒〟と〝勝〟にかけてあり、物質文明の洪水に溺れ、他力本願に流される世の中で、日本文化の神髄「克己心」・「我慢」を培う自己鍛錬の方法である。だから、社会人としてよりよく生きる力を培うための活動なので、死んでもよいから歩き通せという大会ではない。五キロまたは一〇キロ以後は、いつやめてもよいので、他人との競争ではなく、煩悩に苦しむ自己との戦いなのである。

二十世紀後半の世界的な傾向は、体力増進や快活な日常生活を営む健康思考で、歩くことはどこの町でも一般的になった。人間が自分の足で歩くには、足と腰が強くなければならない。だから、どんなに文明が発達しても、健康な者は必ず健脚者である。

かち歩きは無目的にぶらぶら歩くのではなく、一定の距離（二〇～四三キロ）を決め、自分の力を試してみようとする能動的な行動であり、動物としての本能や活力と積極性や忍耐力を培う全身運動である。だから肉体的には大脳皮質・脳幹・小脳・脊髄などの神経系や心臓・肺・血管などの循環系、足・腰・手・背中・腹部などの筋肉系、脳下垂体などの内分泌腺、汗腺などの外分泌腺等、生命を維持するための身体の基本的な生理機能を活性化する。

私たち人間は、飢えや渇きや疲労を感じながら、三～四時間以上も歩くと、「なんでこんな苦しいことを……」、と悩み悶え、歩けば歩くほど渇きは強くなり、絶えず自問し、迷い、精神的苦痛にさいなまれる。そして、その厳しさを乗り超えることで欲求不満耐性、忍耐力が培われ、責任感や判断力なども培われる。

自己への挑戦とはいえ、非文明的、非合理的、非科学的な行動には、現代人はなかなか納得しきれない。飢えと渇きと疲労から、赤裸々な人間像がむき出しになり、正しく大地の上を歩きながら考える〝鉄人〟にさせられる。

家族のこと、友人のこと、自分がけんかをした相手、うらみ・つらみを持つ相手、セックス、飲み物、食べ物……ありとあらゆる欲望、いわゆる百八もの煩悩が次々と現れては消える。

過去の出来事を回想し、反省し、未来を予想し、やがて無口になり、夢遊病者のようになる。その後に欲も得もない空白の時が流れる。何もかもがあるがままで、あらゆる煩悩からの〝解脱〟状態になる。

「まず己を知れ」

よく諭されることだが、自分を知ることは他人を知ることより難しい。しかし、異年齢の多くの人々と共に飢えや渇きや疲労に苛まれながら黙々と歩く、非日常的な極限状態で、体力があるかないか、忍耐力はあるかないか、負けず嫌いかどうかなど、ホンネの自分がさらけ出されるので、自分の性格を否応なく知ることになる。

自己鍛錬としてのかち歩きの魅力は、老若男女という差がなく、誰もが平等にできることである。長い距離をかち歩くのは、精神力だけでも、体力だけでも、意欲だけでも、より早く安全に歩き通すことはできない。だから、年齢にはあまり関係なく自分の体力を考えて歩速を上手に配分しないと〝兎と亀の競走〟になってしまう。その配分をつかむことがより速く、スムーズに完歩するこつなのである。

かち歩きは、技や速さを競うスポーツでも、楽しみを目的とするレクリエーションでもない。ましてや、中年以上の人々が目的とする〝健康ウオーキング〟でもない。飲んで食べて楽しく歩きましょうというチャリティとしてのイベントでもなければ、オランダのナイメヘンで興った軍事教練としての〝スリーデーマーチ〟でも、戦前からの日本にあった「歩け歩け運動」でもない。昭和四十年代初めの、世界で最も豊かで便利な科学的文明社会になった日本で、人間復活のために興った、よりよく生き、よりよい老人になってもらうための青少年教育活動の一つなのである。あくまでも、自己への挑戦であり、自分の生理的欲求である、煩悩を克服して心身を培う自己鍛錬であり、「歩く禅」なのである。

中国の北京では、昭和五十六（一九八一）年二月に第一回の〝かち歩き（長走）大会〟を開催して以来、中華全国青年連合会との共催で二四年間も毎年続けてきたが、アメリカのロスアンゼルスでは開催することはできなかった。アメリカでは飲まず食わずで歩く行為が、社会思想運動になるとのことで、共催相手と開催のために努力をしたが、大会一週間前になって州政府の横槍とかで中止せざるを得なかった。自己鍛錬という文化のないアメリカでは、かち歩きは異端の文化で、受け入れ難い思想運動だとのことであった。

ところが、今日の日本でもアメリカ的発想の人が多くなり、スポーツ、レクリエーション、健康的な活動の概念が強く、自己鍛錬の意味が理解され難くなっている。

②文明病からの解放

かち歩きは、戦前に厚生省が提唱したとされる「歩け歩け運動」とは発祥を異にするし、レクリエーションや健康のためになす「ウオーキング」とも異なるが、歩いて心身を培うことは同質の体験活動である。ただし、欧米には自己鍛錬という文化はないので、欧米人には理解され難い。

かち歩きは、他人との競争ではなく、自分との競争で、どこまで、どのくらいの時間で歩けるのか、心身の鍛錬を目的とした日本的伝統文化であり、通過儀礼として、青少年時代に一度は体験しておくべきことなのである。

百万遍の説教よりも一回でよいからかち歩き大会に参加してみれば、自己鍛錬が何であるかが分かるだろう。

いろいろな苦難を克服して無事、目的地に着いた人々は、まるで長い人生の縮図のようなそれぞれのドラマを体験することができる。

「やった、万歳！」

ゴールで両手を上げて大声で叫ぶ少年少女。無言の人。

「嬉しい、歩き通せた……」

ゴールに座り込んで泣く若い女性。

「ありがとう、あなたのおかげ……」

一緒に歩いた仲間と抱きあって喜ぶ娘たち。

「やっと終わったね」

手を取りあって喜ぶ親子。

「皆さんありがとう。ありがとうございます」

多くの人々に助けられ、励まされて歩き通した人の多くが頭をたれてつぶやく。

「冥土の土産になるよ」

微笑みながらつぶやく高齢者。

六歳から八十代の高齢者まで、完歩した人々の満足感と喜びは、お金や物ではけっして手に入れることのできない金字塔なのだ。

そして、誰もが水を全身で何杯も飲む。

「水がこんなにうまいものとは知らなかった」

一〇〇人が一〇〇人とも水への感謝を込めてつぶやく。

「パンがうまいよ。本当にうまい」

誰もがアンパンを口にしながら、食べ物のありがたさ、うまさに驚き、至福の表情でお互いの完歩を確かめあう。

目的地まで無事にかち歩いた後、飲んで食べて、どこにでも横になって大の字に眠る自分を発見することのできる者は、解放感を味わい、しばらくはノイローゼに悩むことはないだろう。

動物的な飢えと渇きと疲労の世界から舞い戻った喜悦が、現代人を文明病から解き放つ。理屈による医療ではなく、動物的生命力の確認行動こそかち歩きの神髄であり、〝歩く禅〟と呼ばれるゆえんである。

かち歩きはやろうと思えば、いつでも、どこでもできるが、一人よりも地域ぐるみ、家族、知人や友人、学校や学級単位、職場の仲間などで共同体験的に行う方が望ましい。そして、あまりにも長い距離を歩くと過労になり、短かすぎると単なるハイキングになってしまうので、肉体的・精神的な限界に近い距離では、十五歳以上なら三〇〜四三キロ、十四歳以下なら二〇〜三〇キロが望ましい。しかし、体調や自然環境によって距離のとり方が異なり、摂氏二五度以上ではしない方がよい。

自分の足で一歩一歩進む、原始的で素朴な行動のかち歩きは、人間本来の野性的本能を蘇生させる具体的な方法の一つで、近代的な医療にも勝る文明病の予防療法でもある。

③科学的文明人の心得

〝天災はいつ襲ってくるか分からない〟

人類は、天災に対応する知恵を培うことによって、今日まで生き続けることができた。今日では、天災に対応する知恵も重要だが、大きな人口をかかえる大都会においては、パニックによる人災を起こさない知恵である「我慢」も重要である。

人間は弱い動物故に集団としての社会を営む。天災に対応する自然的危機管理能力を直感力としての〝勘〟とすれば、社会的危機管理能力は、社会生活に必要な文化としての〝道徳〟である。しかし、豊かな合理的社会になればなるほど、人間は天災に対応する力が弱くなり、人災を起こしやすくなる。

大都会で地震や台風等の天災が起これば、必ず指定の場所に数万もの人が集まるだろう。この集団の安全が維持されるためには、六〇パーセント以上の人々が、餓えや渇きや疲労に対応する自己管理能力を培っていなければならない。さもないと、動揺する群集心理によって、簡単にパニックとしての人災が引き起こされ、多くの犠牲者を出すことになる。

そのため、災害対策は、人々に避難する知恵や方法を身につけさせるだけではなく、パニックを起こさない自己管理能力である忍耐力を、実体験によって高めておくことが重要なのである。

そこで、社会の後継者である青少年に、人間教育として、一度は餓えや渇きを体験し、水や食べ物のありがたさやうまさ、そして大事なことを具体的に体験させておくことが、いつの時代にも必要だ。〝かち歩き〟とは、長い距離を飲まず食わずで歩く、日本文化としての自己鍛錬のことである。毎年、春と秋の二回、東京の新宿から青梅まで四三キロメートルを歩く〝かち歩き大会〟は、地震等のいざというときに役立つ、防災としての心得を体得させるための、青少年教育活動でもある。

科学的文明社会の豊かな大都市に暮らす人々の心得は、野外文化教育としての体験活動である〝かち歩き大会〟等に参加して、少々の餓えや渇きや疲労では動揺しない〝自己管理能力〟を培っておくことである。

(二) 心の保障〝グリーンアドベンチャー〟

①自然との触れ合い

身近な自然（植物）と対面し、その特徴や生活文化とのかかわりを知る「植物探索」の方法を〝グリーンアドベンチャー〟と呼んでいるが、和製英語で、直訳すると「緑の冒険」となる。しかし、緑を自然と解釈し、未知なるものを一つずつ発見してゆく、「自然の中の発見の喜びや驚き」という意味に解釈する。つまり、単に植物の名前を覚えるためではなく、植物と生活文化のかかわりを知り、植物に関心を持つきっかけ作りなのである。

世界の中で最も自然の豊かな国の一つである日本は、日本人が意識するしないにかかわらず、自然環境の影響を強く受けている。なかでも、四季によって大変大きな文化的影響を受けているのである。水や食料にも恵まれている日本列島に住む人々には、四季それぞれに、思い出や喜びや悲しみがある。それは幼い頃からの繰り返しの中ですりこまれた、永遠に消えることのない思いなのである。春になれば命の喜びを感じ、秋になれば悲しくなるのは、いかんともし難い自然の力であり、感情豊かな人間にさせられた証でもある。

乾燥地帯や砂漠で生活する人々の思考は、目的的で自己主張が強い。それは自然が単調で貧しいからだ。自然が人間に及ぼす力を科学的な理論によって比較しても、決して理解することはできない。まずは、自分たちの自然環境と生活文化を理解することができれば、他国の自然から発生した文化を理解することもできるだろう。

自然は、つねに私たちの身近にあるのだが、それに気づかないで、自らの手で破壊してしまうことがある。多くの人が、自然を理解し、大切にし、一層愛してうまく利用するためには、まず身近にある植物を知ることが先決である。

昭和四十年代中頃から、日本の経済活動が盛んになり、人々が都市集中化し、工業化が進むにつれ、日本人は自然と共に生きる知恵、生活文化の重要性を忘れ、子どもたちの心が荒みかけてきた。

そこで、青少年教育活動に日本の伝統文化である自然との共生や畏敬の念を感じる、自然との触れ合いができる体験活動の一つとして、昭和四十八年にグリーンアドベンチャーが考案され、四十九年十月から実施されはじめたのである。

自然の中で、植物は動物と違ってほとんど移動しない。だからいつでも好きな時に観察することができる。そのため、生きる基本的能力を培う野外文化教育としての自然探索では、植物、中でも樹木が最も容易なのである。

しかし、子どもは、どちらかといえば、カラフルな昆虫や動きのある身近な動物（犬・猫・家畜）、鳴き声を発する鳥などに関心を持ち、動きのない植物にはあまり関心を持たない。ところが、年齢を重ねれば重ねる程、特に中年以上になると昆虫や動物、鳥などよりも植物に関心が強くなり、六十代以上になると大半の人が、植物を生きる友として愛でるようになる。その典型が盆栽や園芸・庭園等である。

そこで、老後の精神的な、心の保障を得る知恵として、少年時代から少しでも植物に関心を持たせる機会と場を作ってあげることが大事なのだ。子どもでも、木の実や果実が食べられたり、遊ぶ道具になったり、花が美しかったり、薬や毒になることを知ったりすると、大変関心を持つので、最初から名前などを教えず、生活とのかかわりから教えればよい。

植物をよく観察すると実に不思議なことがある。葉の形が稚児の手のひらやカエルの手のような〝かえで〟、熟した実がねずみのフンのような〝ねずみもち〟、木肌がつるつるして木登り上手な猿でさえ登れないほど滑らかな〝さるすべり〟があったりする。また、広い大きな葉に文字を書くことのできる〝たらよう（文字書き葉）〟や、木肌をさすってやると、くすぐったがりなのか、かなり大きな木全体がそよそよとゆれる〝そよご〟、夕方になると葉を閉じてたれる〝ねむのき〟などもある。

草の中には、ハエやカなどの昆虫を栄養源にする〝うつぼかずら〟、葉に指などが触れると葉を閉じ、しばらくすると開く〝おじぎそう〟、熟した実に触ると破裂する〝鳳仙花〟などもある。作物でも、実が地中になる〝落花生〟や、実が大変からい〝唐辛子〟などがある。

植物は注意深く観察すると、自分の知らないことがたくさん発見できる。そして、その小さな発見によっていろいろな現象や形の理由が分かると、これほど楽しいことはない。

②植物と生活文化

俗称と言われる地方名を持つ植物は、たいていその地方の人々の生活にかかわりがあったものである。古から衣食住に利用されなかった植物、薬用効果のなかった植物、または美しい花を咲かせない植物等には名前のない雑木や雑草が多かった。しかし、リンネの植物分類学の影響で、分類学的や生態学的に調べられるようになって、全ての植物に名前がつけられるようになり、雑草や雑木がなくなった。そのため、種類が多く複雑になって学問の世界に棚上げされ、ますます疎遠になりがちだ。

地方の生活に何らかのかかわりがあった植物は、固有の名前がつけられている。例えば「うしころし」という木は、非常にねばっこく、牛の鼻に穴を開け、この枝を差し込んで丸め、それに手綱を結んで牛を制し、耕作用に使ったとされている。鎌の柄に使用した木を「かまつか」と呼び、弓を作った木を「まゆみ」と呼ぶのも同じ理由なのである。

地域社会には昔から自然と共に生きる知恵として、祭りや年行事、奉仕活動、その他諸々の活動がある。そうした地域活動は、幼稚園の子どもから、六十代・七十代までの異年齢者が参加して共通体験ができるようになっていた。その中で、子どもたちは、地域社会の生活の知恵・風習等の生活文化を見習い体験的学習で身につけ、人間関係を知ることができた。

祭りや年中行事には、その季節の植物がよく使われている。なぜその植物を使うのか、どんな意味があるのかを年長者は子どもたちに説明してきた。

例えば、五月五日の端午の節句に、菖蒲や茅と蓬を屋根上に置いたり、菖蒲湯に入ることや、菖蒲を頭に巻いたりするのは、菖蒲や茅の葉が鋭いので刀の役目をしたり、菖蒲や蓬の強い香りが邪気を払うので、子どもが健やかに成長することを願う親心によるものだと説明されれば、子どもたちは納得する。他には、正月に使われる松・竹・梅、三月三日の桃、七月七日の七夕には笹を立て、旬の作物であるきゅうりやなす、インゲン豆等を使う。九月九日の重陽の節句には菊、栗。冬至にはゆず湯に入る。ゆずの香りに、災厄を払い新しい年を無事に迎えられるようにとの願いを込めている。このように、季節に合った植物がうまく利用されている。

在来のよく知られた植物の多くは、多少の差はあるが、日本人の生活文化に何らかのかかわりがある。それは直接的・間接的にかかわらず、現代でも同じである。

③植物を友とする心の保障

植物の特徴が分かり、名前まで分かると、自然の変化に敏感になる。それは、一本の木、一枚の葉、一個の花や果実の形や色や大小の特質が、固定した造形物とは異なった、変化のある自然の美しさを見せてくれるからだ。

冬のかたい包芽、晩冬の桃色にふくらんだ芽、早春の萌える黄緑の小さな若葉、春のみずみずしい緑の葉、夏の強い日差しに映える青葉、秋の夕日に燃えるように色づいた葉、ヒラヒラと一枚ずつ舞いおりて大地を一面におおった晩秋の落葉……。一年の変化を眺めているうちに、自然は美の心を教えてくれ、無常を知らせてくれ、時の流れを感じさせてくれる。

自然のかもす美しさに練られた感性は、詩情をかきたて、絵心を培い、侘と寂の境地までも開いて見せてくれ、驚きと感動のドラマを演出してくれる。

この日本人の美の心が、美術工芸品の模様や衣類の紋様、水墨画の世界へと進み、大小の線によって自然を表現する澄みきった美の世界を創造させるのである。

自然の中で樹木に対面し、誰かと何かを語りあうことによって、知らない者は知らなかったことに気づき、知っている者は、話すことによってさらに深く知ることができる。

自分よりも長い生命を持つ一本の樹木を仲間にしておくと、長い人生の友となり、一年三六五日、いつでも好きな時に語りかけることができる。

家の庭の木、校庭の木、道沿いの木、公園の木、川沿いの木、別れ道の木、どんな木でもよい。自然なる樹木をよき友とすれば、素晴らしい生涯の楽しみ・励ましとなる。

グリーンアドベンチャーは、日本人に日本の自然、特に植物を具体的に知ってもらう手段として考え出された野外文化教育の一方法であって、単に名前を覚えてもらうためのものではない。理由や目的はともあれ、実体験を通じて五感のはたらきで具体的に観察し、寿命の長い樹木を生涯の友とする心の保障を得てもらうきっかけとなることが大事なのである。

第４章

生活体験の実践

一．文明社会の落とし子たち

（一）整列ができない

「整列しなさい」

生活体験学校における最初の朝の集いで二～三度叫んでも、子どもたちはなかなか整列しようとしない。整列の意味が分からないのかもしれない。

「ちゃんと並びなさい」

言い換えてみても態度は変わらず、個々ばらばらに立っている。順序正しく並ぶ意識がないのかもしれない。

小学五年生から中学生までの異年齢集団による、一週間の生活体験学校を開校するに当たり、いつも苦労するのは集団行動の離合集散の仕方を教えることである。

今日の小学生や中学生を集めると、隊列の組み方や整列の仕方を知らないようだ。学校で教えられているはずなので、もしかすると知っていても指示に従わないのかもしれない。

パソコンや漫画、アニメーション等に関することはよく知っているのだが、集団行動をさせようとすると、のらりくらりと夢遊病者のような表情で、勝手な行動をする。まるで教育を受けたことのない子どもたちのようで、秩序が取れない。

「体操のできる隊形に開け」

四班体制に並び、二班の先頭のA君を中心に開けと指示を出す。ところが、そのA君が動いてしまう。何より、皆が誰を中心に開けばよいのかを意識せず、個々ばらばらに離れる。

ラジオ体操をするには、お互いにどのくらいの間隔で開けばよいのか、判断する基準が身についていないようで、一メートルも離れていなかったり、四~五メートルも離れてしまう子がいる。

何のために、どのくらい開けばよいのかを意識しないのか、立ち止まった所から前後左右を見て適当な場所へ移動しようとしない。

自分のいる場所が全体的に正しいかどうかを判断しようとする気は、さらさらないのかもしれない。

「そんなに開かなくてもいいよ。もっと寄りなさい」

三〇名くらいの子どもが思い思いに開くので、ラジオ体操の録音テープの音が聞き取れる範囲に呼び寄せるのに時間がかかる。

やっとのことでラジオ体操を始めても、ラジオ体操ができない子が多くなった。知っていても、半分眠っているようで、しまりのない体操になる。

戦後の日本で、唯一全国共通した文化としてのラジオ体操であったが、今では教えない学校もあるので、誰もが知っている文化ではなくなっている。ましてや、体操のできる隊形に開くことなど、無用のことなのかもしれない。

「元の隊形に戻れ」

ラジオ体操が終わり、散開していた子どもたちを集合するように指示を出す。

A君を中心に集まれと言っても、A君自身がその言葉の意味を理解できないのか、動いてしまうので、集う基点がなくなる。

「A君は動いては駄目だ」

大きな声で指示されたA君は、急に直立不動になり緊張する。そのA君を中心に集合させても、前後左右を見て自分の位置が正しいかどうかを確かめようとしないので、列は乱れて雑然とする。

「気をつけ！」

気をつけの姿勢が分からないのか、なかなか両側に手を下ろして直立してくれない。

「A君を中心に倣え」

ある者は右へ倣え、ある者は左へ倣え、そして前へも倣い、前後左右の自分の位置を確かめれば、きちんと順序正しく並ぶことができるはずなのだが、指示通りには動いてくれない。何より、私が指示する日本語の意味が十分に理解できていないようだ。

もう四〇年間も青少年教育活動をしてきたが、私の話す言葉が徐々に通じなくなり、十数年前から子どもたちが離合集散の行動をうまく取れなくなってきた。言葉には体験が付随しないと、文化としての意味が十分に理解できない。

社会に規範が必要なように、集団行動における離合集散にも暗黙の了解事項が必要だ。それは、集団における共通認識としての価値観や風習等の生活文化でもある。

日本には、かつては世界で最も集団行動の得意な国民性があった。それは近代的な学校教育が始まる以前からあった伝統文化としての気配りであった。その気配りが集団行動に必要な隊列を整える心得となり、見事に整列することができていた。

「右へ倣え」「前へ倣え」

集団を整列させるには絶対に必要な号令だ。言葉の意味は、まず見習い体験や訓練によって徐々に理解され、身につくものだ。

まる一週間、毎朝号令をかけて離合集散の仕方や隊列の組み方を教えた。三日、四日と経つに従って、子どもたちは徐々に隊列を整えられるようになった。

七日目の最後の日の朝の集いでは、天気晴朗の下、子どもたち自らが前後左右を見て隊列を整え、きちんと順序正しく美しく並ぶことができるようになった。

(二) 和式便所でうんこが出せない

「うんこが出せないので、コンビニへ行かせてください」

大学二年生の班長をしている男子が、困惑の表情で言って来た。

「僕だけではありません。他に二人の子どもがいます」

彼は、他にもいるんだから行かせろと、当たり前の主張であるかのように言う。

「どうしてコンビニなのだ？」

買い物ではないのにコンビニに行かせてくれという理由がよく分からなかった。

「コンビニには腰かけトイレがあります」

彼は、よく知っているかのような表情で言う。

東京・杉並区の生活体験学校を開催している学校の体育館には、しゃがみ込む和式便所だけで、西洋式の腰かけはなかった。

二日目の夜のスタッフ会議で、うんこが出ない子がいるとの情報は入っていたが、そのうちに出るだろうと思って、そのまま放置しておくように指示を出していた。しかし、三日目の昼前になって、二〇歳の大学生までが和式便所でうんこを出すことができないと言う。

「君はしゃがんでうんこをすることができないのか」

「ええ、やったことがないのです」

「子どもの頃から？」

「はい」

「物は試しだ、せっかく生活体験をしているんだから一度やってみろよ」

私たちが住んでいる東京は、世界で最も近代的な、希望することの大半がかなえられる、自由で治安の整った素晴らしい街だ。生活様式がいかに西洋式になったとはいえ、ここは日本国の首都。まだ至る所に日本的な風習や施設が残されている。いかに近代的といっても和式便所を一掃して西洋風にしてしまうことはない。

「ここに来てから二度も試したんですが、駄目です。出せないんです」

私の他にスタッフが二名いたが、いずれも中年以上なので、和式便所で育ってきている。その彼らも私同様によく理解できないような表情なのである。

文部科学省の委託を受けて、これからの文明社会に対応する体験活動のモデル事業として、夏休み中に「生活体験学校」を主催している協会の理事長であり、現場の最高責任者である私の同意がないと、勝手に学校の外にあるコンビニに行くことはできないことになっている。班長である彼はそのことをよく知っており、班の子どもたちにもそのように伝え、注意を促している。

「困ったなあ。どうしても駄目か」

「駄目です。出せません。私だけではなく二人の子どもがかわいそうです」

私は、小学五年生から高校生まで八〇名を無人島に連れて行き、十泊十一日の生活体験を一〇年間続けたことがある。毎年、何人かの子どもが四~五日間うんこの出せないことがあった。一人だけ、滞在中一度もうんこの出ない子がいて、これには困ったが、その子は結局出ないまま帰った。その後何も言ってこなかったので、無事であったと思っている。それにしても、小学生は環境が変わると数日間うんこの出ない子が必ずいて、お腹が痛いとか、気持ちが悪いとか、困惑気味の表情で不安を訴えることがあるものだ。しかし、たいていはうんこが出て、けろりとする。無人島での子どもたちは和式便所で出すことができないのではなかった。あれからもう二〇年が過ぎ、今では体力不足の子どもが増えて、足腰が弱くなり、長く立つことも、歩くことも、腰を落としてしゃがむこともできなくなっている。

「そうか、大人の君だけなら無理させるが、子どもがいるんなら仕方ないな。それじゃコンビニへ行って出してこいよ」

「よろしいですね。それじゃ僕が二人の子を連れて行きます」

「頼むよ。ただ買い物をしてはいけないよ」

「はい。子どもたちにもさせません」

彼は、学校の校門から二〇〇メートルほど離れた所の青梅街道沿いにあるコンビニエンスストアーに、二人の子どもを連れて行った。

彼らは二〇分ほどして帰ってきた。

「出せたか?」

「ええ、出ました」

「子どもたちも出せたのかなあ?」

「そう思います」

班長である彼は、二〇分以上もいなかったので、急いで班に戻った。

日本で生まれ育って、和式の便所でうんこをしたことのない日本人が、すでに二十歳になっている。彼は、教員志望の学生で、小・中学生七人の子どもたちと共に生活体験をしている。いろんな場所でうんこをするのも生活体験なのだが、大都会東京でのこと、いろいろな形の便所があるので自由がきく。しかし、田舎の自然の中ではこのようにはいかない。もし、西洋風の便所でしかうんこを出すことができなくなれば、ひ弱な文明人ということになる。文明化によって心身が弱くなっては、何のためなのか分からなくなる。

しかし、その後は、大学生の彼も、子どもたちも、生活体験学校開催中に和式便所に慣れて、うんこを出すことができるようになり、二度とコンビニへは行かなかった。

(三) 暗算が苦手

生活体験六日目の朝は、各自に四〇〇円を持たせて朝食の買い出しに行かせる。東京の街中なので、近くにコンビニエンスストアーがある。

子どもたちは、東京都内といえども四〜五日間も昼間の街に出ていないし、買い食いをしていない。まるで行楽にでも行くかのように、喜び勇んで班ごとにまとまって出かけた。

コンビニにはたくさんの食べ物が、衛生的にパックされて並べてある。しかし、飲み物や菓子類は買ってはいけないことになっている。子どもたちはジュース類やお菓子類を何度も手にするが、やむなくあきらめ、朝食として食べられる物だけを物色する。

おむすび類は一個一〇五円〜一三五円、サンドイッチ類は一八五円〜二八〇円、手巻き寿司は一本一二五円、サラダ類は一八五円〜二二五円、パン類は一〇〇円〜一八〇円、麺類は二五〇円以上、弁当は一番安くてミニ助六が二一〇円、たけのこご飯二九五円、おにぎりおかずセットが二八〇円、ちらし寿司が三三〇円で、大半が四〇〇円以上。

欲しい物はいろいろあるが、物が多すぎるのであれこれと手にしながら考える。何様手持ち金は四〇〇円、一円たりとも超えることができない。電卓はないしコンピューターもないので指折り数えて計算する。買える時間は約二〇分。他の班員たちも物色しているので競争心もあるし、計算はめんどうな上に、物がいろいろにたくさんあるので、あれこれ迷う。

例えば、ミニ助六二一〇円とカレーパン一一〇円、マカロニサラダ一八五円とソース焼きそば二九八円……。二〜三個を組み合わせては決めかねている。

「もう、こまったなあ?」

「分からんよ、どうしよう？」

日常生活で実数を使うことの少ない子どもたちは、暗算が苦手で、簡単な計算がなかなかできない。

「これ、うまいかなあ？」

迷いながらもお互いに話しあっているので、班員同士は似た物を買いがちだ。

二班が同じ店に入っているので、買いたい物が重なってなくなることもある。何より買いたい気持ちと、お金の計算がめんどうなので、子どもたちは気ままに決められない。

こんな逸話がある。

〝四〇〇円持っています。二六〇円の食べ物を買いました。おつりはいくらでしょう？〟

大半の子が一四〇円と答えるが、まちがっている。単純に計算すると、四〇〇円から二六〇円を引き算するので一四〇円が残る。しかし現実の社会では、四百円のコインはなく、百円コインしかない。しかも、五十円玉や十円玉を使って買えばおつりはいらない。つり銭はいくらかと尋ねているので、百円玉を三枚出したことになる。だから、つり銭は四〇円となる。ただし、残金は一四〇円。

このように、机上で数を加減乗除して計算するのと、生活の現場で社会状況や物価と欲しい物や実数を考えると、単純には計算できない。

子どもたちの脳神経は複雑怪奇にこんがらがって、ただでさえ暗算の苦手な子どもたちが、やけっぱちになり、いらいらしている。

今日の日本の子どもたちは数字による算数や数学は得意なのだが、頭脳の中で〝数〟が具体的に整理されていないので、生活の現場で応用することができ難い。だから、加減乗除の簡単な計算ができなくなってしまう。

半世紀も前の日本人は、世界で最も暗算の得意な民族であった。ところが、電卓やコンピューターが発達して、そろばんを使ったり日常的に物を分配することがなくなり、生活の中から数の概念が失われ、受験用の算数や数学の勉強になってしまったので、数の応用・活用ができなくなった。特に子ども時代の日常生活の暮しの中で数とのかかわりが少なく、暗算したり、物を分配することが不得意になっている。ということは、日本人が暗算に強かったのは、何も民族的にすぐれた特徴であったのではなく、日常的であったそろばんや分配ごとによって訓練された文化的特徴でしかなかったのだ。その文化が、今の子どもたちには伝承されていない。

店の中で、多くの人にまじって買いたい物を四〇〇円以内で買い求めるのは、暗算の不得意な今日の子どもにとっては容易なことではない。そのせいか、五日間も共同生活をして、よく知り合った者同士が似たような物を似たような値段で買いがちになる。

例えば、一班は菓子パン系、二班はパン系、三班はご飯と麺類系、四班はご飯とパン系という具合に、班ごとに同じような食べ物を買いがちであった。

暗算が苦手な子どもたちは、日常生活の中に数があまりかかわっていないので、生活体験学校において、一度自分で買い物をする消費者教育としての体験をさせた。しかも少なめのお金で、自分の好きな物をどのように買うかを試させた。今の子どもは案外お小遣いが多いし、電子マネー等も普及しているので、数値的な支払いの自覚がはっきりしないまま金を使っている。だから、大半の子が、品物を前にして、一〇本の指を使い、ぶつぶつ数えながら計算していた。中にはそのような子をからかったり、笑ったりして気を散らさせる子がいたので、一層分からなくなってしまう子がいた。

たった一回の買い込みであったのだが、子どもたちの脳は、社会状況と数と欲望に刺激され、困惑の世界で真剣な眼差しをしていた。

迷い悩みながらも、自分の好きな食べ物を買ってきた子どもたちは、班ごとのテーブルの上に並べて比べあい、得意げである。何より、焼きそばやパン、おにぎり等の買い求めたものにかじりついたり、ほおばったりして、味が格別なのか、「うまっ！」、「すげえー！」等と叫んでのけぞったりしていた。

(四) 今の子どもたちに欠けていること

現代の子どもたちは、まだ言葉はもちろんのこと、父母や兄弟姉妹も分からない時からテレビの画像や言葉、音楽になじんでいる。

テレビやインターネット、携帯電話等の間接情報や疑似体験によって多くの情報知を身につけた、生活言語の乏しい子どもに、親や教員が言葉や文字によって理屈を説いても、もちろん国語教育や読書活動をさせても、文化的な意味がよく理解できないのであまり効果的ではない。私たちの生きる目的の一つである「社会のために」という心得である道徳心は、いかなる時代にも変わらないのだが、生きるための手段や方法は、文明化や時代と共に変化するものである。

今日の子どもたちは、文明機器を相手に室内で一人遊びしがちなので、考える力、感じる力、表現する力、想像する力等に必要な生活言語を豊かに培う体験の機会と場に恵まれていない。そのため、集団行動が苦手で、足腰が弱く、実社会に必要な簡単な暗算すらできなくなっている。

テレビを代表とする情報機器は、娯楽や情報をもたらす面はよいのだが、人間を孤立化し、話す力や読む力、書く力、理解する力等を殺《そ》ぎ、非社会的にする面があるので、少年期の人格形成に重要な影響を及ぼす。

今日の子どもたちは、大人に人間性や社会性の平均的価値を見出せず、伝統的な文化や生活の知恵を身につけることもなく、自分たちの未熟な感覚で現代の不透明な科学的文明社会に対応し、迷いながら生活している。すでに多くの青少年がインターネットや携帯電話中毒に陥っており、教育的弊害と同様に、不安や不満な心理作用によって起こるさまざまな事件は、深刻な社会問題になっている。

日本は物質的には豊かになったが、社会的にはいろいろな犯罪が多くなり、精神的には先が見透せないこともあってますます安心・安全が持てなくなっている。

今日の日本の子どもたちは、テレビゲームや漫画等の世界に浸っているので、野外伝承遊びのような全身を使って群れ遊ぶ素朴な遊びをほとんど経験していない。そのため、集団性や社会性の基礎・基本が培われていないので、対人関係の取り方を知らず、会話がうまくできず、身体の柔軟性に欠け、バランス感覚や距離感の働きが悪く、直感的な行動ができ難い。そればかりか、言葉に対する体験的裏づけがないので、日本語がよく理解できない。それに、規則を守って行う競争の仕方を知らず、自分勝手に考えて行動したり、気に入らなかったり聞き入れてもらえないとすぐに癇癪を起こしがちで、忍耐力に欠け、我慢することができない。

そのため、社会的に何が正しくて何が悪いのかの判断や区別がつけられないまま成長しているので、大変利己的だ。だから、社会的善悪と個人的な好き嫌いの区別すらできず、社会的善としての道徳を、個人の好き嫌いの感情で判断しようとしたり、人間関係の培い方、絆の持ち方等が分からず、人間性や社会性、活力等が欠けている。

二、野外文化人の生活体験

（一）生活文化習得の〝生活体験〟

①少年教育としての生活体験

私たち人間は、自然に順応して生きるために、古代から心身の鍛錬をして、強健になる努力をするとともに、都合のよい環境を作り、よりよい生活をするためにいろいろな工夫を続けてきた。そして、いかなる環境にもいかなる環境の変化にも対処し、適応できる手段を案出する能力を身につけた。生活手段としての文化が本能的なものではなく、生後の努力と工夫によって培われるものであるということは、多様性という重要な性質を生み出し、環境への適応性を高め、同じことでもいくつかのやり方ができるのである。

例えば、食物は直接生でまたは焼いて、煮て、料理して、手でつかんで、箸でつまんで、フォークで刺して、そして、木の葉か、椀か平皿かにのせて食べる等、生存を満たす方法はいくつかある。その中から選び出して生活様式とした特定の方法が、それぞれの人間集団の持つ文化、生活文化、民族文化ということになる。その文化としての生活様式は、人間の生活手段として、自らが考えて創造したものであり、本能的に備わったものではない。

生活文化は、それぞれの時代の人々によって創り出され、改善されながら伝承された歴史的社会の産物であり、他と共有することのできるものである。

社会は、個と集団の対立するものではなく、いかなる個も集団的規定なくしては存在しえなかったので、社会人である以上、社会的あり方としての生活文化を当然備えていなければならない。

よりよい人間的状態には、健康な肉体と健全な精神が必要であるが、肉体の安全についてはよく学ぶので、身体活動としてのスポーツやレクリエーション活動の重要性についてはよく知っている。しかし、心のよりどころ、安心を保つことについては案外無頓着で、社会の重要性や自然とのかかわりである生活文化についてはあまり意識はしてこなかった。が、これからの豊かな科学的文明社会では、安心を保つための知恵として、社会的遺産としての生活文化の習得が重要なのである。この生活文化の習得を〝生活体験〟とするのである。

学校教育では、地域の人々が知らないこと、新しいことを中心に教えようとするが、生活体験による人間教育（野外文化教育）は、地域の人たちがよく知っている当たり前のことを伝え、知らしめるために行うのである。いつの時代でも、社会の安定・継続を保ち、人々の安全・安心を得るための少年教育は、自然と共に生きてきた人々の英知である生活文化を伝承することであった。

三〇～四〇年前までの子どもたちが、日常生活でなしていた生活文化の見習い体験的学習活動が、今日の家庭や地域社会では、いろいろな事情でできなくなっている。そこで、これからの少年教育施設では、共同宿泊する子どもたちが、生活文化の習得体験、すなわち「生活体験」ができる機会と場になれるよう努力・工夫することが強く望まれている。

少年たちが、近代的な文明生活から離れ、同年齢、異年齢を問わず、数日以上、寝食を共にしながら自炊による共同生活をすると、自分が積極的に働きかけないと、食べることも飲むことも寝ることもままならないことを、否応もない事実として知らされることになる。

私たち人間は、本質的には数百年前と比べてあまり変化していないので、文明の利器の少ない生活では、自分の全身全霊を働かせないと何もできない。水汲み、薪集め、火の番等の生活労働から、木登り、歩行、走り、運搬、遊び、取っ組みあい等、まさしく動物としての活動の中で知らず知らずに気力、体力が養成される。

人は誰でも、非日常的環境では不安が多く、自己防衛の意識が強くなる。そのため、行動することによって目測による距離感や方向感覚、歩行能力、判断力、行動力等が自然に培われる。また、食べるための食料確保や料理方法、薪での煮炊き、気象や立地条件等、知らず知らずのうちに創造力を培い、新たな工夫を凝らしたり、先人の知恵を踏襲したりと、自然に生活文化を習得することができている。こうした生活体験は、少年たちに自己の確立と協調性の発達を促し、社会性向上に理屈抜きに役立つことは、昔も今もこれからも変わることはない。

②生活体験の内容

これからの科学的文明社会に生まれ育つ子どもたちに、生きる力としての生活文化を習得させる生活体験においてなすべき内容には、次のような例がある。

①自然体験、②農作業体験、③野外伝承遊び、④自炊、⑤料理作り、⑥住いづくり、⑦道具作り、⑧ひもの結び方、⑨刃物の使い方、⑩地域踏査等

生活体験には、日常的生活体験と野外生活体験があるが、その場所は次のような所が利用できる。
イ．日常的生活体験
○庭、校庭、学校
○町中の広場、公園
○公民館、民家
ロ．野外生活体験
○青少年教育施設（青少年自然の家等）
○校庭
○キャンプ場
○野原、山林
○海岸、河川敷

小学生から高校生までが共同宿泊生活体験をする場合には、次のような宿泊数の例がある。
イ．小学低学年　　二〜三泊
ロ．小学中学年　　三〜五泊

ハ．小学高学年　四〜七泊
ニ．中学生　五〜十一泊
ホ．高校生　六〜十三泊

季節は、春夏秋冬いつでも同じで一年中行うが、厳寒期には防寒用の装備が必要なので、運営に負担がかさむ。

異年齢または同年齢者が共同生活をする場合の班員数の組み方には、次のような例がある。
イ．小学低学年　一〇〜一二人
ロ．小学中学年　九〜一一人
ハ．小学高学年　八〜一〇人
ニ．中学生　七〜九人
ホ．高校生　六〜八人
ヘ．小五〜中学生　七〜一〇人
ト．小五〜高校生　七〜九人
チ．中学と高校生　六〜九人

宿泊の伴う共同自炊生活には、各班ごとに食料係、資材係、備品係等、三〜五の係とリーダー役が一人必要なので、小学生は二人ずつ、中学生以上は一人または二人つけることと、自然環境を考慮して班員数を決めればよい。

(二) 人間力を培う生活体験

過度の受験競争やIT等の情報化を背景として、学校生活が〝ゆとり〟のないものとなり、子どもたちにとって学ぶ人間的・社会的目標がなく、友だちとの交流や自己実現の喜びを実感しにくくなっている。

現在の学校には、地域の歴史や文化、人的資源を有効に活用するための余地が大きく残されている。子どもたちがよりよく生きていくために必要な知恵の大部分は、先人たちの知恵としての生活文化から吸収することができる。

私たちの幼・少年時代には、家庭において祖父母や両親、兄弟姉妹によって人間関係や絆を知り、母親が作る料理を見、食べて郷土料理を知り、祭りや年中行事などでいろいろな人と行動を共にして郷土文化を知ることができた。しかし、今では、母親の家庭料理すら知らない子が多い。

従来、生活文化は地域社会に根ざしており、それを子どもたちが習得するには、学校だけでは不十分で、家庭、地域社会との協力が必要なのである。

経済的な高度成長期に重視された「詰め込み教育」は、学力（知能指数・ＩＱ）を上げるためになされた教育方法であり、ある意味では非常に効果があった。しかし、このごろＩＱの高い人が、思いやりが希薄で、社会性が弱く、「こころの知能指数（ＥＱ）」の欠如という人間性の問題が起こっている。一方、ＥＱ向上を目指したはずの「ゆとり教育」の導入も、学力（ＩＱ）低下という批判を受けている。

しかし、私たち人間は、ＩＱだけ高くても問題があり、ＥＱだけ高くても問題がある。これらの問題を学校や家庭、地域社会の責任とすることにも問題がある。そこで、学校、家庭、地域社会が協力しあって、うまく融合することこそが、新しい教育への道をつけることになるのである。

これからの学校における生活体験は、学校、家庭、地域社会が連携して、地域の生活文化を伝承することにより、「ＩＱとＥＱ」の両方を高め、人間力を向上させることを意図している。

ここで言う、生きる力としての人間力には、言語能力（母語）、道徳、愛（人間・自然・郷土）、生活文化（衣食住・風習）、心（情緒・情操感）、精神力、体力等の七つの要素が含まれている。

バーチャルな間接的情報ばかり肥大する情報文明社会に生まれ育つ子どもたちには、自然環境や地域の社会環境を活用した「直接体験」を伴う野外文化教育によって、社会人の基本的能力としての人間力を高めることが必要なのである。

人間力の基礎が培われる少年期に必要な社会人準備教育としての体験活動は、教科書による教育のように効率性は高くないが、古代から続けられてきた最も確実な人間教育の方法なのである。そして、その人間教育に必要な生活文化は、本来、地域の人々の異年齢集団によるさまざまな体験によって教え、伝えられてきた。

(三) 生活体験からの学び

私たちは、物質的には大変恵まれた豊かな文明社会で暮らしている。このように豊かで便利な生活の中では、子どもたちが生きるに必要な基本的能力（衣食住や言葉、道徳、感じる心、体力等）を育む機会と場が少なくなっている。

そこで、これからの少年教育には、従来の学力向上の教科書による教育同様に、子どもたちが地域社会に根ざしている生活文化を習得するために、自然や社会環境を活用した体験活動が必要なのである。

しかし、これまでの体験活動は、一般的に林間・臨海学校やスポーツまたは「アメリカ的野外レクリエーション」としてのキャンプやゲーム、それに職場体験などを中心に考えられていたので、社会の後継者として生活文化を習得させるようにはなっていなかった。しかも、居住地域から遠く離れた大自然の中でレクリエーション的に行われていた。

これからの豊かな科学的文明社会に対応する少年教育としての体験活動は、そろそろレクリエーション的既成概念にとらわれず、市街地における日常の生活環境の下で生活文化を伝えるための生活体験を中心とする、「社会人準備教育」であることが望まれている。

ここでの体験活動は、人類がこれまでに体験してきたと同じような野外での遊びや、自然体験、自炊による共同生活、農作業、物の不足や不便、暗闇、徒歩等のような、素朴な体験のことである。

戦後の日本は、アメリカ教育使節団が残したデューイ学派の主張する、〝子どもを信じなさい、子どもにまかせなさい〟的な、子ども中心的思考が強いのだが、体験が少なく多くを知らない子どもたちに、いきなり主体的・積極的にやらせようとするのは、「アメリカ的レクリエーション活動」としてならよいだろうが、日本の生活文化を伝える社会人育成としては望ましいやり方ではない。やはり見本があっての体験活動なのである。

平成十四年四月から完全学校週五日制や総合的な学習の時間が始まった。これは、二十一世紀の科学的文明社会に対応するための新しい人間教育の方法による、人づくりに必要な教育改革として始まったものである。

ところが、多くの人が、よりよい社会人を育成しようとするこの体験的な教育方法によって、子どもたちの学力が低下するのではないかと心配している。

ここで言われている学力とは、知識や技能を修得する力量の意味なのである。それは、幼・少年時代にさまざまな体験活動によって身についた文化としての日本語を、十分理解する能力があってのことだ。

ところが、今日の日本の子どもの多くが、日本語を、十分理解できていない。明治時代以来百数十年も言われ続けてきた〝学力向上〟の意味が、根本的に異なっている現代の子どもたちに必要なことは、社会人の基本である国語としての言葉、文化としての日本語をしっかり身につけさせることだ。社会生活に最も大切な文化としての言葉によって、価値観、善悪、好き嫌い、感動などの心や社会性が培われるのである。

いつの時代も国語教育を怠れば、人心は乱れ、人々は生きる目的を失い、社会は活力を失って徐々に衰退する。

これからも社会の安定・継続に必要な生活文化は、少年時代の生活体験のようなさまざまな体験活動によって身につけさせることができる。その主な内容は次のようだ。

①言語能力

生活に密着した生活言語と言語運用能力が育成され、言葉の多様性や敬語等の使い方が理解できる。

②道徳心

さまざまな価値観に触れ、感じ、考え、実践することによって、生活の仕方を身につける。

③豊かな心

五感（視覚、触覚、嗅覚、味覚、聴覚）によって感性を豊かにし、風俗習慣、伝統文化等を通して、社会的自己の存在を確認することによって、社会性を豊かにする。

④体力や精神力

幼・少年時代の素朴な体験は、体力や精神力の基礎を培い、成長とともに強く養成される。

これらは学問や教育のためにあるのではなく、社会生活をよりよく生きるために必要なことなので、社会的に責任ある大人や親ならば、子どもたちの学力低下を嘆くよりも、これらをどのようにして高めてやるかについて心を配ることが必要なのである。

三、一週間の生活体験で子どもたちは変わる

（一）現代っ子の共同生活

①協力してのテント張り

東京都内の小学校の校庭で、夏休みが始まって間もない八月初めから一週間、小学五年生から中学

三年生までの子どもたちが、七~八名ずつの班に分かれて、異年齢集団としての生活体験をした。

午前中は教室の中での授業、午後は外に出て竹とんぼやお手玉、石当てなどの遊びや自然体験であったり自由時間であったり、活動中心のプログラム。そして、食事は三食全て自炊で、かまどを作り、羽釜や鍋での煮炊きである。

この校庭を利用した小・中学生の生活体験を、〝生活体験学校〟と呼んでいる。その一週間の予定は次頁の表(表1「生活体験学校 時間割」)のようである。

まず初日は、午前九時半に開校式があり、十時半から校庭に出て、自分たちが一週間寝泊まりするためのテントを、各班ごとに二個ずつ張る。耐震装置のない学校の教室には寝泊まりすることができないので、仕方なくテントを張る。

子どもたちの中にはテント張りの経験のある子もいるが、大半が初めてで、見たことも触ったこともない子もいる。だから、まずテントの張り方を教えるために、見本を見せる。

しかし、まだ始まったばかりなので、子どもたちは落ち着きがなく、説明を真面目に聞けないし、張り方を注意深く見ようともしない。視線は定まらず、心はどこか遠い所か自分の家か友だちのいる世界へ飛んで行き、上の空で眺めているようだ。

「テントの張り方、分かりましたか?」

指導員の一人が大きな声で尋ねたが、数人が弱々しく「はい」と答えただけ。

■表１　生活体験学校 時間割　〈予定と内容（例）〉

	8月3日（月）	8月4日（火）	8月5日（水）	8月6日（木）	8月7日（金）	8月8日（土）	8月9日（日）
6:00		起床・洗面・着替え	起床・洗面・着替え	起床・洗面・着替え	起床・洗面・着替え	起床・洗面・着替え	起床・洗面・着替え荷物整理
6:30		朝の集い	朝の集い	朝の集い	朝の集い	朝の集い	朝の集い
7:00		朝食（自炊）	朝食（自炊）	朝食（自炊）	朝食（自炊）	朝食（グループ食）	朝食（自炊）
8:30		少年期に習得すべきこと（総合）	言葉と生活（国語）	そろばん（算数）	そろばん（算数）	そろばん（算数）	昆虫の話（理科）
9:00	開校式・説明会・テント設営						
9:30		作物のいろいろ（理科）	ひもの結び方	動物の話（理科）	地域の歴史（社会）	作文（国語）	作文発表会（国語）
10:30		昼食（自炊）		昼食（自炊）	昼食（自炊）	昼食（自炊）	
11:00	かまど作り		昼食（自炊）				テント撤収
11:30	昼食（自炊）						
12:00							お別れ会
13:00	グリーンアドベンチャー（植物探索）	音楽		自由な時間	自由な時間	石当て	閉校式
13:30			お手玉				
14:00						自由な時間	
14:30					美術・工芸		
15:00	箸作り	竹とんぼ作り	自由な時間			☆遊び大会	
16:30	夕食（自炊）	夕食（自炊）	夕食（自炊）	夕食（自炊）	夕食（自炊）	夕食（自炊）	
19:00	自由な時間	自由な時間	入浴（公衆風呂）	自由な時間	入浴（公衆風呂）	話し合い	
20:00		星の話（理科）	話し合い	花火	話し合い		
21:00		就寝準備	就寝準備	就寝準備	就寝準備	就寝準備	
21:30	就寝準備						
22:00	就寝	就寝	就寝	就寝	就寝	就寝	

（当日の気象状況などにより、内容の一部が変更になることもあります）

「それでは各班に分かれて、自分たちのテントを張ってください」

子どもたちは、指定された自分たちの場所へ行き、テントを張り始めた。

各班には大学生の班長が一人ずつついている。その班長はテントの張り方に詳しいわけではない。しかし、班長が音頭を取らないことにはなかなか前に進まないので、張り方の指導をしたのは、本当は班長たちのためでもあった。

テントはまず四隅をしっかり張り、ペグを叩き込んで止めることが大事なのだが、子どもたちは勝手に真中あたりについているロープを引っ張って、手当たり次第にペグを打ち込んでいる。それに、半円陣のような型にテントを張り、入口を内側に向けるように指導したはずなのに、入口の向きがばらばらになっていたのでやり直させた。

「四隅をしっかり張らないと、テントの中が狭くなるよ」

指導員がさらに張り方を注意したが、子どもたちは具体的にはなかなか理解できないようである。

ペグを抜いてやり直しをさせたりしたので、時間はどんどん過ぎていく。それに真夏で気温が摂氏三〇度を超えているので、皆汗だくだ。

子どもたちは、テントについている細いひもを打ち込んだペグに掛けたり、短くすることが分からず、テントはなかなか立ち上がらない。

やることが多いことと暑さもあって、子どもたちはあまり話しあうことをしなかったが、いろいろやっているうちに、ああでもない、こうでもないと徐々に話しあうようになってきた。

小学五年生の男子が、後日の作文の時間に次のように書いている。

〝さいしょは友達ができるかどうか心配だったけど、テントをつくっているときに友達ができてよかったと思いました。さいしょはあまり話をしなかったけど、だんだん仲良くなってよかったです〟

「のどが乾いたら水を飲みなさい」

三〇分が過ぎた頃、私は皆に声を掛けた。水を飲みに行った男子が、水も飲まずに頑張っていた班長に水の入ったコップを持ってきてくれた。そのうち、女子が、遅れている自分たちのテント張りを手伝ってくれている男子に、そっとコップを差し出した。男子はうれしそうに飲んで、ニコッと笑ってコップを返した。女子はコップを走って戻しに行った。

暑さはそれ程でもないのだが、テントを張るのに必要なペグを叩き込む作業が大変難しかった。校庭は野球やサッカーなどのスポーツ用のグラウンドにするため、石灰等をまぜて土が堅くなるように改造されていたので、ペグをうまく打ち込めなかった。

「このくぎうまく入らないよ」

中学一年生の男子が、アルミの金槌でペグを叩いていたが、なかなか打ち込めないので悲鳴のような声を上げていた。

この子は、ペグのことを〝くぎ〟と言ったが、ペグは〝木のくぎ〟のことだ。ここではプラスチックの長さ二〇センチくらいの小さな杭のことである。

やっとのことでテントが立ち上げられても、ロープの張り方がアンバランスで、中の支柱が斜めになっていたりしてやり直しをしたので、五〇分くらいでやっと立ち上がった。

ところが、テント本体を覆うフライシートがまだ張られていない。雨や直射日光を除けるためにどうしても張る必要があるが、小・中学生にとっては、テントが高くて大きいので難題である。

小学六年の女子で、テント張りの経験のある子が、後日の作文で次のように書いている。

〝テントをはるのでもう一つたいへんだったことがある。それは、テントの上にのっける、雨をよけるためのフライシートのセッティングです。この日にやったテントは、入口に屋根なんかついて、私の思うとおりにやっていたが、あまりうまくいかなかった。そこで、一人じゃあなにもできないのじゃないかということがわかった〟

フライシートを張ってテントが完成するまでに、早い班で一時間、遅い班は一時間一五分も要った。テントはあまりよい状態にできてはいなかったのだが、まがりなりにも張り終えた。子どもたちは、寝場所を確保した喜びが強く、各班ごとに「やった！」とか「ばんざい！」と歓喜の声を上げていた。

後日の作文で、小学六年の男子が次のように書いている。

〝ぼくは、テントをつくるのがはじめてでした。一回目は、テントのむきがちがってたいへんでした。ぼくは、みんなと協力して、ぶじにテントをつくりおわりました〟

中学一年の男子は次のようにも書いている。

〝やっとテントができ上った。いつもならばクーラーガンガンの部屋で、PSPをやっている時間だが、この日は太陽の直射日光をガンガンに浴びながらテントを張った。汗が滝のように出てきて体は気持ち悪かった。だが気づいてみれば昼食の時間だった。最後の力をふりしぼって中山先生（炊事指導者）の話を聞いた。その日の昼の献立は焼きそばだった。いつもならばお母さんが作ってくれるのだが……〟

②興奮して眠れない

生活体験学校では、朝六時に起床し、午後十時に就寝する決まりになっている。

夕食はだいたい四時半頃から準備して七時までに終ることになっている。その後は比較的自由だが、九時から就寝準備として外で遊ぶことをせず、テントの中に入るようにしている。

初日は午後九時半まで自由時間で、それから就寝準備をさせた。十時にテントの中の明りを全て消すことにし、会話も禁じていた。ところが十時を過ぎても全てのテントで明りが消えず、話し声、笑い声が絶えなかった。しかし、初日だから十時半まで注意をしなかった。一般的に、初日は興奮気味なのでテントに入って一時間しないと静かにならないのだが、一向に静かにならず寝ようとしないので、スタッフに指示して各テントに眠るように注意をさせた。

十一時になっても、暗いテントでのヒソヒソ声や時に笑い声が消えなかった。

私は自分のテントの中で横になっていたが、十一時二十分頃起き上がってテントを出た。ヒソヒソ声のするテントを一つずつ訪ねて、もう眠るようにかなり強く、きつい声で注意を促した。

スタッフのテントも含めて十五個のテントが、入口を内側にして直径十五メートルくらいの半円状に並んでいる。私のテントを出れば全てのテントの入口が見える。

子どもたちのテントを回って自分のテントに戻ると、もうヒソヒソ話が始まっていた。

テントの中で横になっていたのだが、ヒソヒソ話、特に女の子のヒソヒソ話が耳についてなかなか寝つかれなかった。

後日、小学六年の女子が、作文の中で次のように記している。

〝かんせいしたテントを見ると、はやくテントの中に入りたかったです。テントを作っているとき友達もできました。その後テントの中で、友達といろいろな話をしました。すごくうれしかったです〟

しばらく目を閉じて横になっていたが、どうしてもヒソヒソ話がやまない。時計を見ると十二時になっていたので、明日のことを考えるとできるだけ早く寝かせないといけない。再び起き上がってテントを出た。三つのテントから話し声が聞こえていたので近くまで行き、かなり大きな声で叱りつけた。

「早く寝なさい。明日は六時に叩き起こすよ。分かったか」

そう言い置いてテントに戻った。

後日、小学六年の男子が作文に次のように記している。

〝ぼくは仲良くなった友達と一緒のテントに寝袋に入って夜の遅くまでおしゃべりをしました。たまに見まわり人が来て、うるさくしていると注意されたりもしたけど、それでも話を続けました〟

やっとのことで静かになり、眠りにつくことができた。と思っていたら、子どもたちの笑い声や走り回る足音で目が覚めた。

テント越しに見ると、外はまだ薄暗く、夜が明けきっていない。時計を見るとなんと午前四時だ。どうしたのだろうと不思議な思いにかられ、しばらく騒ぎ回る子どもたちの声を、夢を見ているような気持ちで聞いていた。しかし、一向に静かにならず、かえって人数が増え、騒ぎが大きくなってくるので起き上り、テントの入口を開けて怒鳴った。

「お前たちは今何時だと思っているんだ、まだ四時だぞ。もう一度寝ろ」

十数名の子どもたちが走り回って騒いでいたが、私の大声で一瞬動きを止めて静かになった。

「どうしたんだ、こんなに朝早くから」

私は声をやわらげ、話しかけるように言って笑ってみせた。子どもたちは驚いた表情で私を見ていた。

「眠くないのです」

五年の女子が、一〇メートルほど離れた所でにこやかな表情で言った。

「そうか。しかしまだ四時すぎなので、他の人は眠っているんだよ。迷惑をかけないように、静かにしていなさい」

私はそう言ってしばらく子どもたちを見ていたが、テントの中に入ろうとしない子たちがいた。

「外にいると騒ぎたくなるので、テントの中に入っていなさい」

「私は眠れないのです。どうして起きていてはいけないのですか」

女の子が不満げに言った。男の子は私に叱られたので全員すごすごとテントに入ったが、女の子たちは不満顔で数人残っていた。

「眠れなくても、我慢してテントの中で横になっていなさい。そうしないと、今日は日中眠くなって大変だよ。早く入りなさい」

やっとテントの中に入ってくれ、静かな夜明けが戻り、すがすがしい朝の空気が感じられた。

後日の作文に、小学五年の女子が次のように書いている。

〝初日は十一時と寝る時間が一時間遅くなり、また朝は四時に起きてしまっていたので理事長に怒られてしまいました。それからは十時に寝るようになって、朝六時二分くらいに起きました〟

子どもたちは初めてのことで興奮して寝つかれなかったのかもしれないが、私は寝不足からもう一度横になり、六時前に目覚し時計が鳴るまで寝入ってしまった。

③洗面所はどこに

「どこで顔を洗うのですか?」

「洗面所はどこですか?」

朝六時に起きた子どもたちは、大なり、小なりの便所に行った後、洗面具を持って何かを探すように見回していた。いつもの家庭生活環境とは違うし、特定の洗面所がないので、困っている。

「そこの水場で顔を洗いなさい」

体育館の横の水道の蛇口が六個並んでいる、コンクリート製の水場を指差した。

「ここで顔を洗うのですか?」

「そうだよ、蛇口から水が出るよ」

子どもたちが洗面しようにも蛇口があるだけで、水受けの場所もなければたらいもない。蛇口からの水は四〇センチほど下のコンクリートに落ちて散っている。水場は高さ一〇センチほどの囲いがあり、底には網のかかった直径四センチほどの排水口が一つある。

「こんな所で顔を洗うのは初めてだよ」

小学五年の男子がおどけたような表情をしたが、すぐには洗面しようとしなかった。

「歯みがきもここでするんですか？」

小学六年の女子が不満気に尋ねた。

「そうだよ。食器も食材も全部ここで洗うんだよ」

私は笑いながら言ったが、子どもたちは笑いもせず水場を眺めているだけだった。

「君たちの学校にもこんな水場はあるだろう？」

「はい、あります。でも……」

このような校舎の外にある水場は学校でいつも見ているはずなのだが、朝の洗面や歯みがきをする場所ではなく、使い勝手が分からずに戸惑っている。

「何も心配ない、大丈夫だよ。皆が顔や手を洗う場所なのできれいにしておいたよ」

実は、開校式の前日、スタッフがきれいに掃除をし、衛生的に心配ないようにしておいた。

「早くしないと次々にやってくるので混むよ」

やっとのことで洗面を始めてくれたのだが、鏡もタオル掛けもないし、石けんを置く場所に困ったり、歯ブラシの置き場所に困ったりと、なかなか進まない。その上、歯ブラシを使って吐き出した白いあぶくが下のコンクリートに付着するので、それを流そうとして手間がかかる。

「うわあ！　汚いよ」

後からやって来た子たちが、石けんや歯みがきのあぶくを見て、大げさに叫ぶ。家庭以外の共同生活をしたことのない子が多いので、学校の蛇口があるだけの水場での洗面には慣れていない。

「流せばきれいになるよ」

「これって、ここで毎日顔を洗うってことですか？」

「そうだよ」

「いやだあ！　どうしよう？」

女の子がひょうきんに言って顔を見合わせて笑っていた。しかし、こんなことを予想していたのか、言葉ではいやがっても態度ではそれほどでもない。

「まあ、いいか」

次々にやって来た子どもたちは、先の子を見習うように歯ブラシを使い、顔を洗った。

「学校で寝たのは初めてだよ」

「学校でこんなことができるのかなあ？」

「できるからやっているんだよ」

「でもここに一週間いるんだぜ」

「そうだよ」

「大丈夫かなあ！」
初めての朝、水場で顔を洗った子どもたちは不安と心配もあり、お互いに確かめあうように雑談を交わしていた。

④足の踏み場もない

小学五年生から中学生までの七人と班長の八人が一組になり、二つのテントに分かれて宿泊する。小学生と中学生だけのテントもあれば、大学生の班長が一緒のテントもある。しかし、大学生といえども、生活体験があまりないので、体は大きいが生活態度は中学生とそんなに変わらない。特に今の青少年は、先輩後輩という年齢差の意識があまりなく、同年輩的な雰囲気が強い。

子どもたちの中には、「テントに泊まるのが楽しみで参加しました」という小学五年の男子や、「自分一人で寝ることができるかどうかためしたかったので参加しました」という小学六年の男子もいる。ほとんどの子がテントに泊まるのは初めてというので、期待と不安が大きくふくらんでいるようだ。そのせいもあって、テントの中が共同の場であることを忘れがちで、整理整頓ができない。まるで自分一人の場であるかのように、リュックサックや旅行用カバンから自分の持ち物を外に出している。六人用のテントに四人しかいないのに、もう足の踏み場がないほどに衣類や寝袋が散乱している。

「自分たちのテントの中をもう少しきれいにしなさい」

衣類を平気で踏んで歩く子どもたちに注意しても、他人事のように聞き流し、気にも止めないようである。

「班長はもう少し生活指導をしなさい」

私は、あえて班長に整理整頓をするように指示をしたのだが、班長自身があまり気にしていないし、どのように整理すればよいのか分からないのである。

テントの中には寝袋を出しているし、衣類やタオル、洗面具、それに靴下等が散乱しているので、まだ二日目なのに、もう何日も滞在したような状態である。

このような様子は、何も男の子のテントだけではない。言っては悪いかもしれないが、女の子の方がかえって取り散らかしている。

「君たち。これこそ足の踏み場もないと言うんだ。もう少しちゃんと整理しなさい」

ついつい声が高くなり、命令口調になる。

私は五人の子どもを育てたが、女の子が三人いる。

「お前たちは女の子なんだから、自分の部屋をもう少し整理整頓しなさい」

私は、女の子だからと言ってよく叱った。そして、そのたびに、私より一回り年下の妻によく文句を言われた。

「女の子だから整理整頓しろというのは余分です」

私は昭和二桁生まれなので、女の子をしっかりしつけておかなければと思いがちなのである。私の家では、何も注意しないと男の子よりも女の子の方が整理整頓をしないし、掃除もあまりせず、衣類を平気で出し放しにしていた。何より、男の子よりも女の子の方が衣類をたくさん持っていた。

この生活体験学校でも女の子の方がおしゃべりで、夜もなかなか寝つかず、衣類を出し放しにしがちなのだ。

「テントの中は共有の場なんだから、各自の物は整理して片付けなさい」

女の子なんだからと強調したいのだが、がまんして抑えた。

「はい」

返事はしてくれるのだが、どう整理してよいか分からないようで、なかなか片付かない。

子どもがひどいことをすると、昔から「この子の親の顔を見てみたい」などとよく言われてきたが、まさにそんな感じだ。といっても、今の家庭では子どもが威張っているので、どこも似たり寄ったりでしつけがうまくできていない。私もさんざん苦労したが、うまくしつけられたとは思っていない。

そんなこんなで、この一週間の生活体験学校で、なんとか少しでも整理整頓ができるようにしてやりたいと、ついつい親心が芽生えて口うるさくなってしまう。

「寝袋は朝起きたら三つか四つに畳んでおくか、丸めておきなさい。衣類は天井のひもに掛け、床には置かない。タオルもひもに掛けなさい。下着はリュックの中に入れておきなさい」

孫の世代の子どもたちに小言のように指示を出す。私以外にも二十代、三十代のスタッフや指導員がいるが、今日の日本の青少年は強い口調で指示することが苦手なので、彼らも指示することがあまり上手ではない。結局は最年長の私が、大きな声で一方的に指示を出しがちなのである。

黙っているとテントの中はすぐに足の踏み場もなくなるのだが、注意をすれば、それなりに整理をするようになる。

⑤私が作った私の箸

生活体験学校では三食自炊なので、食事に使う箸も自分で竹を削って作ることになっている。

日本人なら誰もが箸を知っているのだが、作らせると、大人であろうが子どもであろうが、大小さまざまな箸ができあがる。

そのため、まず指導講師が箸の見本を見せ、作り方を図解して説明し、実際目の前で作って見せる。そうすれば、小学生でも男女を問わず作れる。

子どもたちは班ごとに椅子に座り、指導を受けながら約一時間で箸を作る。

長さ二〇センチ、幅約一センチで中央に割れ目を入れた竹を渡された子どもたちは、指導されたように、まず四隅の角を小刀で削る。その真竹は油抜きをして乾燥させているので少々堅い。

「刃物の進む方向に指や足等を置かない」

子どもたちは普段小刀やナイフを使っていないので、切り方・削り方が分からないし、刀の先に指を出したり、足の近くで切ったりするので、講師のきつい指導が入る。

「脇を締めて小刀は小さく動かし、左手の竹を引きなさい」

両手を広げたようにして、小刀と竹を持って削る子がいたので、注意された。

「うーん。分からんよ」

小学六年の男子が、なかなかうまくいかないので、もどかしげに言った。

「直線的に削る時は、竹を引くようにして削るんだよ」

指導講師が目の前でやって見せるのだが、何様初めてのことなので、小刀を使うこつが分からない。こつは、小刀を持った手を体に固定し、竹の方を引くことだ。そうすればけがをしないでうまく削れる。

竹を細かく削る時には、片方の親指の腹で小刀の背を、鉛筆を削る要領で押すとうまく削れる。一度に多くを削るよりも、少しずつ回数を多くすると削りやすい。しかし、鉛筆を小刀やナイフで削ったことのない子が大半なので、鉛筆を削る要領で、と説明しても、とんと理解できない。

四隅の角の部分を削り、割れ目がついているので手で二本に割る。そして、まだ削っていない角を削り、先の部分を細くするとでき上がり。

後日の作文で、小学六年の男子が次のように書いている。

〝もう一つ心にのこった事がありました。それは、はし作りです。ぼくは、竹を切る時たまに、ゆびに小刀がささりそうでした。なのでしんちょうにやりました。けっこうかたく、竹くずもとびちりました。はじめは、すごいほそいはしを作ってしまいました。はじめて、自分が切ったはしを作る時、さわやかなにおいがしました〟

もう一人の六年男子は次のように書いている。

〝はし作りは小刀を使って竹を削っていって段々細くしてはしっぽくしていきました。と中で指を切ってしまったりしたけど、うまく削れると楽しくて最後にできあがったときにはすごくうれしかったです〟

私たちは毎日箸を見ているはずなのに、その太さを自覚していないのか、子どもの中には線香のように細くして使えなかったり、四隅を少し削っただけで鉛筆より太かったりした。なぜ細くなってしまったのか本人もよく分からないようだが、もう一度作り直しをさせた。

箸作りに最もよいやり方は、右利きなら、右膝の上にタオルや雑巾等の布を置いて、その上で右手に持った小刀を固定し、左手に持った竹を後ろに引くようにして、削っていく。この時小刀を動かすとうまくいかない。

竹を削ることはそれほどむずかしいことではないので、削りすぎる子どもたちが多かった。仕上げは紙やすりをかけて表面を滑らかにする。

中にはこんなことを作文に書いた女の子もいる。

〝一日目にははしづくりを、二日目には竹とんぼをつくった。私は最初、はしづくりの〝はし〟をわたるはしとかんちがいしていました。今思うとおかしいです。はしづくりは一回もケガせずにできたのに、竹とんぼでは五回もケガをしてしまいました。私は不器用中の不器用なので、かんたんなはしづくりしかケガをせずにできなかったと思います〟

彼女のように、指にかすり傷をして、すぐに絆創膏を貼りつける子は何人かいたが、深く切る子はいなかった。

驚かされたことは、小刀を鞘から抜き出す時、少しケガをした子どもがいた。なぜ、どのようにしてケガをしたのか分からないが、このように想定外のこともあった。

後日、小五の女子が次のように作文を書いている。

〝初めて小刀を使う作業をするので、寒気がするほどこわかったです。でも、なれて班のみんなより早く終わりました。友達に「早いね」と言われてとてもうれしかったです。でき上がったハシにさわってみたら、さきっぽがとんがっていました。なので、口の中がケガしないかドキドキしました。ハシは、ふつうのにおいより、いいにおいでした。自分たちでつくったごはんを、自分でつくった私のハシで食べたら、ほっぺが落ちるほどおいしかったです〟

紙ヤスリをかけてでき上がった竹箸に、クルミの油を擦り込むとつやが出て、いかにも箸らしく仕上がった感じになる。少々不恰好でも、子どもたち全員が自分の箸、マイ（my）箸ができ上がった。

小五の男子が後日の作文にこう書いている。

〝一ばんたのしかったのがおはしづくりです。おはしづくりでは、小刀をうごかさないでおはしをうごかしてつくるのがたいへんでした。小刀をささえている手に力を入れるのもたいへんでした。そのおはしは、ごはんのときにつかっています。そのおはしでごはんをたべるとおいしいです〟

⑥お風呂はいいなあ

学校の体育館にはシャワーはあったが風呂はなかった。真夏なので、子どもたちは毎日シャワーを浴びていたが、風呂屋に行くと告げると大喜びだった。

三日目の午後七時、近くの公衆浴場に向かった。僅か五〇〇メートルくらいの距離だが、街中を列をなして歩いた。

浴場に着いて男と女に別れて番台を一人ずつ通り、脱衣場に入った。子どもたちは周囲を見回しながらおずおずと衣服を脱ぎ始めた。

「シャツに煙の匂いがしみ込んでいる！」

Tシャツを脱いでいた子が突然叫ぶように言った。

「俺のシャツも煙の匂いがする」

「僕のもだ！」

数人の子がシャツの匂いを嗅ぎながら大笑いした。その笑いが子どもたちの緊張感をほぐすのに役立ったようである。

子どもたちが裸になると、手や足や顔がかなり日焼けしている。そのせいか、衣類に隠されていた部分が一層色白く見える。

「日焼けしたなあ」

隣で裸になっている子どもに笑いながら言った。

「そうですか」

彼はにこりと笑って白い歯を見せた。顔が日焼けしているので歯が白く見える。

「顔が汚れているよ」

「何言ってんだ、お前の顔に炭がついているよ」

「手が汚いなあ」

「お前の足こそ汚いよ」

子どもたちは、耿々と輝く明りの下でお互いを見あってからかいあいながら浴室に入った。

「僕、こんなお風呂初めてだよ」

小学五年の子が、目を丸くして広い浴室を見回していた。

私たち以外のお客は二名しかいないので、まるで貸切りのようなのだが、子どもたちは少々人見知りしているのか、性器を手やタオルで隠しながら、おっかなびっくりの表情で浴槽に近づいたり、立ったままで見回していた。広い大衆浴場に慣れていないのか、少々緊張気味のようだ。

「まず、手足やお尻を洗ってから浴槽に入りなさいよ」

私は子どもたちに注意した。

浴槽は三つあった。左は茶褐色の薬湯、中央は電気風呂、右はシューシューと音高くあぶくが吹き出ている。

「うわ！　痛い」

おずおずと電気風呂に入った子が、悲鳴のような声を上げて飛び出た。中に入ると電気がビリビリ流れているので驚いたようだ。子どもはそれを〝痛い〟と表現した。

薬湯に入った子は、薬臭いと言っていた。あぶくの風呂にはなぜだかあまり入りたがらなかった。いずれの風呂も温度がやや高いせいか、子どもは数分と入っていなかった。

「お風呂はいいなあ……」

熱いと言いながらも風呂に入った実感に浸っている子もいた。中にはシャワーを浴びただけで、浴槽の中に入ろうとしない子もいた。子どもたちを見ていて感じたことだが、もしかすると大衆浴場は大人用に熱くしてあるのかもしれない。

子どもたちはあっちの湯、こっちの湯に触っては驚いたり、喜んだりで、連れだってわいわいやっていた。大人のように湯船に浸かってゆっくり、のんびりなどしていない。それよりも、広い浴場で仲間たちとなんだかんだと言いあいながら騒いでいる方が楽しいのかもしれない。

小学五年生から中学生までいるので、体がまだ子どものままであったり、中学生などは筋肉がつき、あそこに黒い毛が生え始め、大人に近いような体格の子もいる。

最初、子どもたちは下を手やタオルで隠しておずおずしていたのだが、皆でわいわいガヤガヤやっているうちに、隠すことを忘れたのか、男は皆同じであると知って隠す必要を感じなくなったのか、皆すっぽんぽんで動き回っている。

私たち大人は湯船に入り、「お風呂はいいですなあ！」などと言って、温まった後、髪や全身を洗ったのだが、子どもたちはシャンプーや石けんなどを使わず、まるでカラスの行水のようにちょこりと湯船に入っただけの子が多くいた。

そのうち、入口近くの囲いの中に一メートル四方で深さ一メートルくらいの冷水槽があるのを見つけ、五～六人が一緒に入って押し合いへしあいながら大笑いをしていた。

後で私も入ってみたが、夏とはいえ冷水に長居はできなかったが、子どもたちは次々に入れ代わりながら、裸のつき合いをしていた。

私たちが浴室から出ても、何人かの子どもがなかなか出てこないので、スタッフの一人が入って皆を連れ出した。

子どもたちは熱い湯よりも冷水に長く浸かって楽しげにやっていた。

「やっぱり風呂はいいよ」

脱衣所に戻ってきた子どもたちは、表情が明るく、はつらつとしていた。

私には何がいいのかよく分からなかったが、子どもたちにとっては、正に極楽のようであり、大変な気晴らしになったのかもしれない。

帰りも並んで歩いたのだが、風呂場での話題で盛り上がり、大声で話し、笑いながら戻った。

⑦さまざまな共同生活

人間力の基礎が培われる少年期に必要な教育としての体験活動は、教科書による教育よりも効率性は低いのだが、古代から続けられてきた最も確実な人間教育のあり方だと思われる。これからの豊かな科学的文明社会に対応する少年教育としての体験活動は、既成概念にとらわれず、日常の生活環境の下に生きる基本的能力としての生活文化を伝えるための生活体験や自然体験等が必要なのである。

この生活体験学校で、参加した子どもたちが異年齢集団の共同生活から感じたこと、知ったこと、行ったこと等を後日の作文の時間に一時間足らずで書いた内容を、参考事例として抜粋してみる。なお、一週間の食事献立は次頁の表（表2）のようである。

■表2　平成21年度　生活体験学校食事献立

	朝食			昼食			おやつ	夕食		
8/3（月）				鉄板焼きと焼きそば	蒸し麺	キャベツ・もやし・にんじん・玉ねぎ・しめじ・ピーマン・豚肉・ソーセージ ぶどう		交友鍋	米	ホタテ・鮭・豚肉・蟹の足・厚揚げ・こんにゃく・にんじん・長ねぎ・キャベツ・ごぼう・早煮昆布
8/4（火）	サンドイッチ	薄切り食パン	ハム・レタス・きゅうり・トマト バナナ・牛乳	かきあげうどん	玉うどん	かき揚げ（桜海老・わけぎ・さつまいも・かぼちゃ・えだまめ） 胡麻和え（いんげん・ごま） オレンジ	とうもろこし	すき焼き	米	牛肉・玉ねぎ・しらたき・焼き豆腐・卵 酢の物（きゅうり・しらす・わかめ） 味噌汁（豆腐・長ねぎ） ※朝食用漬け物を作る。
8/5（水）	ご飯	米	焼魚（鯵の開き）・焼海苔・梅干 漬物（かぶ・にんじん・きゅうり） 味噌汁（油揚げ・ほうれん草）	炊き込みご飯	米	鶏肉・油揚げ・にんじん・しいたけ・ごぼう 冷奴（豆腐・薬味） 浅漬け（キャベツ・きゅうり） すまし汁（にら・卵）		スパゲッティミートソース	スパゲティ	玉ねぎ・豚ひき肉・マッシュルーム・トマトソース・ローリエ・ブイヨン サラダ（レタス・きゅうり・トマト・ブロッコリー・キウイフルーツ）
8/6（木）	ご飯	米	焼き魚（めざし）・納豆 漬物（有り合わせ）・たくあん 味噌汁（わかめ・じゃがいも・麩）	手打ちそば	もりそば	肉汁（鳥肉・長ねぎ） 刻み海苔・薬味（ねぎ）・とろろ 酢の物（きゅうり・しらす） プリン（デザート）	スイカ	カレーライス	米	豚肉・じゃがいも・玉ねぎ・にんじん・しめじ・コーン・カレールー 福神漬け・らっきょう漬け・スイカの漬物 ジュース ※米は翌朝のおかゆ用に多めに炊いておく。
8/7（金）	おかゆorおじや	米	鮭びん詰・梅干・海苔ふりかけ・焼鳥の缶詰・昆布の佃煮 浅漬け（キャベツ・きゅうり）	豆腐作りとおから料理	米	おからスープ（にら・しいたけ・長ねぎ・卵・中華だし） 冷奴（豆腐・しょうが） 卯の花（にんじん・しいたけ・ちくわ・長ねぎ）	ところてん	五目寿司	米	えび・にんじん・卵・いんげん・しいたけ・干瓢・ごま すまし汁（とうふ・わかめ）
8/8（土）	買い出し		¥400／1人 飲み物	お好み焼き	小麦粉	豚肉・ねぎ・もやし・キャベツ・干しえび・切りいか・紅生姜 もも		各班創作料理		
8/9（日）	オープンサンドイッチ	ドッグパン	ジャム・ウィンナ・ゆで卵 サラダ（レタス・きゅうり・トマト） バナナ・ヨーグルト	お別れ会食	オードブル	（のり巻き・いなり寿司・サンドウィッチ） 飲み物各種 ※3日前に依頼				

〝ぼくは、この生活体験学校は名前が違うだけで、ふつうのキャンプのようなものだろうと思っていました。ところが本当はぜんぜん違っていて、普段の学校と同じように色々な授業があったり、普段では絶対にやらないようなことを体験したり、生活していくためのことを学びました。その中でも、心に残ったことは、友達と遊んだことでした〟

小学五年　男子

〝「ちょっとやってみようかな」僕は少し勇気を出してこの生活体験学校に入った。この夏休みの間に友達づきあいができるようになりたかったからだ。最初、家庭科室に集合した時は、とても緊張した。もしここでまたトラブルがあったらどうしようかって。でもそんなに深くは考えなくてよかった。僕らの班のみんなはとてもフレンドリーで、真夏日の熱い中で谷口君と一緒に協力して広いテントを作った。協力するってとても楽しいって思った。

初めてのご飯作りもした。初メニューは「具だくさんやきそば」だった。それを作るときにはみんなとおしゃべりをして、とても楽しく作れた。この班も他の班も年が一～二歳しか変わらなかったので、とても気が楽だった。もし三学年くらい離れていたら、敬語を使うなど気をつかって心の中が息苦しかったと思います。「ふうっ。本当によかった」〟

ニューインターナショナルスクール　六年　男子

〝私は初めに班分け表を見た時、一緒に来た友達と班が違っていたので不安な気持ちでいっぱいでした。

開校式の時からテントの設営の時まで、友達関係がうまくいくだろうかと不安でしたが、少しずつみんなと話すことができるようになり、昼食作りの頃には少しホッとした気持ちになっていました。夜にはみんなでテントの中でさわぎました。たくさんおもしろい話もしました。二日目になり、だんだん慣れてきました。歌を歌ったり、お手玉をしたり、ラジオ体操をしたり……。三班の子とも友達になりました。毎日がとてもとても楽しい日々でした。

でも、たまにある友達が帰りたいと言っていました。私は、せっかくの体験なのに……と思いました。私は、せっかく仲良くなれた友達と離れたくないと思いました。お釜でご飯をたいたりする時に煙が目にしみたりはしますが、やっぱり離れたくないと思いました〟

小学六年　女子

〝ぼくはこの生活体験学校でいろいろなことを学びました。たとえば友達をつくること、料理やものづくりなどです。その中で一番楽しかったのは新しい友達と遊んだことです。ぼくは最初の日はなかなか友達ができませんでした。だけど一人と仲良くなるとまた一人と、どんどん友達が増えていきました。もともと仲がいい人もいたけど新しい友達とも仲良くなれました。

ぼくはその友達と一緒に鬼ごっこをしたり、となりの公園の川で遊んだり、一緒に寝たりと二十四時間を一緒に過ごしました〟

〝この生活体験学校では、本当にいろいろなことを学んだ。例えば料理、またそれぞれの授業、友達との協力等まだいっぱいある。そんな楽しい毎日を送っていた私は毎日が本当に幸せでした。

最初何も出来なかった私ですが、この七日間で出来るようになったことばかりです。夜は友達とおしゃべりばかりで、あんまり眠れなかった時もありました。逆に朝の授業は、もう眠くて仕方がありませんでした。でも自由時間にはいっぱい遊び、いっぱいいい思い出を作りました。

だんだん帰る日が近づいてきたら、あまりしゃべっていなかった友達とかも、しゃべれるようになり、名前を班の人は呼び合いながら、お互いに協力してきました。

いつも親が毎日作ってくれていたごはん。でも今思うと……これからは手伝ってあげたいです〟

小学六年　男子

〝緊張の朝、空は晴れていた。再度、持ち物の確認をして家を出た。ここは杉十小の玄関。スリッパをはいて、教室に入った。体中の緊張と暑さで汗びしょびしょだった。

テント立てをみんなで一緒にやった。みんな優しそうな顔で安心した。その次の時、リーダーに声をかけられた。

「ねえ、名前なんていうの？」

少しびっくりしたけど落ち着いて答えた。

小学六年　女子

「小林誠弥だよ」

するとリーダーは言った。

「じゃあ、こばちゃんね！」

なんかうれしかった。ほかにも友達ができ、声をかけあって協力してテントをたてた。

「やった！」

心でこう感じた。

中略
六日目、楽しみにしていた遊び大会。種目は順に石当て、お手玉、竹とんぼだった。最初の石当ては、十回中、二回失敗した。でも、自分ではいい結果だったと思った。なぜなら最後の種目の「投げる」で見事当たったから。次にお手玉、予選、準決勝、決勝とあり、ぼくは予選落ち。しかし、その後、一回だけ敗者復活戦があり、ぼくは友達の「誠弥がんばれ！」の声もあったため、見事準決勝に進みました。予選は普通のやり方だったけど、準決勝は左足を上げてやった。ぼくはバランス感覚に自信があったため、余裕で決勝に進みました。でも、むずかしいのはここからです。それは、片足で、頭に一つお手玉をのせて、二つでお手玉をやります。これはさすがにむずかしく最後まで残れませんでした。

最後に竹とんぼ。ぼくの竹とんぼは折れていて、やっても数メートルくらいしか飛びませんでした。竹とんぼが折れているのを見た時にはすごくショックでした。

ついに結果発表。石当ても竹とんぼもだめで賞品はもらえませんでした。しかし、お手玉が二位でした。賞品はキャラメル二箱とお手玉三個と『アジア・南太平洋の野外伝承遊び』と書いた本でした。ぼくは何よりも本がもらえたのをうれしく思った。「これを持っていれば友達と楽しく遊べるかもしれない」そう思った。

生活体験学校最後の夜、早めに寝た。朝、いつもテントの中で一番起きるのが遅かったぼくは、なぜか今日は一番早く起きました。着がえた後、トイレに行ってテントの中で何となくロープをさわりたくなり、ロープで習ったことを復習しました〟

小学六年　男子

(二)　遊ばなかった子どもたち

①子ども社会の諍い

三〜四歳の子どもは、お互い楽しげに遊んでいても、いつの間にかつかみあいのけんかをしたり、ぷいといなくなったりする。まだ一人遊びが得意で、相手のことなどかまっていられないのだ。だから、恨みつらみもなければ、いじめもない。

ところが、五〜六歳以上になると、相手を意識して、表情や態度、言葉遣い等によって対応を変化させるようになり、二人以上で遊ぶと決まりごとを作ったりするようになる。しかし、まだ相手を思いやる気持ちが十分には育っていないので、自己主張がぶつかり合って、けんかをすることは日常茶飯事。そうなると、好き嫌いや恨みつらみ等の感情的対立が生じて、意地悪をしたり、いじめをしたりするようになる。

小学五年生から中学三年生までの異年齢集団の七〜八人が班を組み、一週間も共同生活すると、班内で必ずけんかが起こる。取っ組みあいのけんかになる前には、気分を害して意地悪をしたり、文句を言ったり、無視したりする。そうした言動や雰囲気は、相手にとってはいじめにもなる。

「あの子態度よくない」

「あの子生意気」

「あの子ちっとも仕事しない」

「あの子デブ」

こんな陰口が聞かれるようになると、本人にとってはいじめだが、子どもたちはあまり悪気なく口にすることが多い。

内閣府による平成二十年版『青少年白書』によると、平成十八年度の調査から、全国のいじめの認知件数は、小学校六〇、八九七件、中学校五一、三一〇件であり、いじめを認知した学校数は、小学校一〇、九八二件、中学校七、八二九件だそうで、いじめを認知した学校の比率は、小学校で四八パーセント、中学校で七一・一パーセントとなっている。

また、いじめの様子については、小・中学校すべてで「冷やかしやからかい、悪口や脅し文句、嫌なことを言われる」が最も多くなっている。

子ども社会にとっては、いじめやけんかは古代からつきもので、大人になるための準備的な出来事とも言える。相手のことを思って、気を遣ったり親切にできるようになるまでには、いろいろな体験をし、反省や後悔を重ねないと、なかなか理屈通りには行かない。

いじめや不満が高じて、言い争ってからつかみあいになる場合にはけんかだと分かりやすいので、勝負の決着がつく前に誰かが止めに入る。ところが、前兆なしにいきなり取っ組みあいを始めた場合には、戯れているのかけんかなのか分からず、しばらく誰も止めないままで、どちらかがねじ伏せられたり、大声で叫び始めたりしてやっと止めに入る。たいていは勝った方がしょぼんとしており、負けた方は大声を張り上げて泣く。

いずれにしても、なぐりあいや取っ組みあいをすると、その後はたいてい仲良くなるものである。悪口やいじめのような陰口は、何度やっても仲良くはなれず、いつまでもいがみあっている場合が多い。

なぐりあいや取っ組みあいをし、少々痛い目に合うと、勝った方も、負けた方も、勝敗がつかなかった時も、子どもながらにお互いに気配りをしあうのか、同じ相手と二度、三度と取っ組みあいのけんかをすることはまずない。それどころか、大変打ち解けて、二日、三日と経つに従って、取っ組みあいのけんかをしたことがなかったかのように親しげに話すようになる。特に小学生の場合は、言動が素直になる。

②年長者の実力

小学五年生から中学三年生までの異年齢集団による生活体験学校では、初めの二～三日間はいろいろな諍いごとが起こる。

「けんかしたいものはさせてもよい。ただし、物や刃物を持つ者がいたら、その手から叩き落としてくれ」

けんかが起こってもしかるべきなので、初日に各班長に指示を出した。素手のつかみあいなら、注視の下にしばらく放置してもよいことにしている。

初めは、体の大きい小学生の態度が中学生に対して横柄で、ぞんざいな口をきく。特に体の小さな中学一、二年生には、同級生か下級生のような対応をしがちである。

「おい、お前……」

中学生が耐えかねて不満げに声を発するが、「生意気だ」などとは言わず、言葉尻をにごしてしまう。

「なんだ⁉」

自分中心に自己主張をする小学生が肩をいからせるように突っかかる。しかし、一〜二回くらいでは中学生のほうががまんするので、つかみあいのけんかにはならない。がまんする中学生にとっては、下級生からの一種のいじめであり、いやがらせでもある。

二日くらいの間、朝、昼、晩と続き、三〜四回目くらいになると、怖いものなしに肩をいからせて詰め寄る体の大きい小学五年生に、体の小さめの中学一年生ががまんしきれなくなった。

やがて、両手を握りあったり、腕や服をつかみあったりしながら、鶏のけんかのように足で蹴りあう。他の子たちは、見て見ぬふりをしている。

「この野郎」とか、「馬鹿」や「畜生」などという言葉を知らないのか、使い慣れていないのかあまり発しない。無言でつかみあっているのだが、やがて取っ組みあいのけんかになった。

小さい体の中学生が、大きい体の小学生よりも敏捷である。取っ組みあって間もなく、小さい方が大きい方をねじ伏せ、大地に押しつけて馬乗りになった。両手で頭を押しつけ、下の子は足をバタバタさせるだけで、起き上がれない。明らかに勝負はついているので、班長が止めに入った。

「もうやめろよ」

止めに入った班長が二人を引き離すと、体の大きい小学生は大声で泣き始め、体の小さい中学生は唇をかみしめ、下を向いて無言で涙を流す。

体の大きい小学五年生と、体の小さい中学一年生がよく取っ組みあいをするのだが、たいてい中学生が勝つ。中学生は、体が小さくても小学生よりも腕力が強く、敏捷な動きができるのである。

まだ成長が盛んな十四〜五歳までの少年期には、一〜二年の年齢差は心身の発達の差が大きい。同年齢では、体の大小によって強弱が判断されがちだが、異年齢では、体の大小よりも目に見えない筋力や敏捷性の方が勝る。そのことを知らない小学生が、体の小さい中学一、二年生を見下しがちで、けんかが起こりやすいのである。

異年齢集団の班は、三〜四日目から徐々に縦社会になり、五日目にもなると、班としての協調性や団結力が強くなり、共同生活社会がかなり整ってくる。

その関門が一〜二度起こる取っ組みあいのけんかだ。けんかにならずとも、仕事の仕方や腕力において、小学生が自ら中学生との違いを認めざるを得なくなって、年長者の軍門に下る。

「けんかしたければしろ。ただし刃物を持ってけんかする子がいたら、その腕を棒で叩く。骨が折れても知らない」

開校式の挨拶でいつも注意を促す。そのせいか、これまでに二〇回以上も長期野外生活体験を実践してきたが、刃物を持ってけんかした子は一人もいなかった。

しかし、今日の子どもたちはけんかが下手だ。動きが鈍く、蹴っても空を切ったり、ふらふらして効果的ではない。組みあうと牛のように押しあうだけで、なぐり方も、蹴り方も知らない。

テレビゲームや漫画の世界の格好よい格闘による間接体験では、けんかの仕方を会得することはできない。子どもたちが知識や情報だけではどうにもならないことに気づくには、三〜四日は必要なのである。

③遊ばない子は善悪の区別ができない

生活体験学校の活動内容に、石当てや竹とんぼ、お手玉、スイカ割り等の野外伝承遊びを必ず取り入れている。

古くからある野外伝承遊びは、これまでに私が訪れた一〇〇カ国以上のどこの国にもあった。そして、テレビ放送が家庭に広く行き渡る以前の、一九八〇年から九〇年代までは、各国の子どもたちが野外で群なして遊んでいた。しかし、その後は徐々に遊ばなくなっていた。日本では一九七〇年代から群れて遊ぶ子が少なくなり、今日ではもうほとんどいない。

私たちの小学生時代は、学校や地域でかくれんぼやおにごっこ、竹とんぼ、竹馬、石当て、ビー玉、めんこ等をしてよく遊んだ。当時、お手玉は女の子の遊びであったので、男の子はしなかったが、いずれの遊びにも勝ち負けがあり、夢中になって競った。

めんこやビー玉等は、現物をやりとりする賭博的な遊びで、勝って喜び、負けて悔しさのあまり泣きながら、次は絶対に勝つと心に誓って、努力・工夫をした。

野外伝承遊びの醍醐味は、勝ち負けがはっきりしていることである。そこには、ずるをせず、しっかり勝負する暗黙の了解事項があり、子ども社会の規範があった。

ところが、昭和三十年代のまだ日本が貧しかった時、子どもたちがめんこやビー玉のような賭博的な遊びに興じ、負けた子が商品としてのめんこやビー玉を買うお金欲しさに、親や親戚、その他の人々に乞うたり、万引きする子が多くなって社会問題化した。そのため、めんこやビー玉を学校に持ってくることが禁じられたり、青少年の刃傷沙汰から刃物の所持が禁じられるようになって、野外伝承遊びが昭和四十年代に入ると徐々に子どもたちの世界から消え去って行った。

平成十七年度文部科学省委嘱調査「義務教育に関する意識調査」報告書によると、〝学校生活で身につける必要がある力は何か〟の質問に対する答えの第一位に挙げられていたのが、〝よいことと悪いことを区別する力〟である。

今日の多種多様な価値観の中で生まれ育っている小学生の八六パーセントぐらい、中学生の七十数パーセントが望んでいることは、〝善悪の区別の仕方〟を知ることなのである。

そして第二位が、情報が氾濫して多忙な時代で、人間関係が希薄になっていることもあって、〝まわりの人と仲良くつきあう力〟を身につけることであった。

社会の規範を守る姿勢や道徳心、それに人間関係の持ち方、言葉遣い等は、学問や教育のためにあるのではなく、私たちの日常生活になくてはならないことであり、社会的危機管理能力としての基本的な生活文化なのである。

社会的善悪や人間関係は、少年時代に異年齢で群れ遊ぶ野外伝承遊びのような体験活動を通じて、日常的に見習い学習することで学んできた。それらを学校の道徳の時間に、言葉や活字、視聴覚機器等によって学習させられても、すぐに忘れてしまい、生活現場では活用し難く、役立てる術を知らないので、具体的には理解し難い。

石当て、おにごっこ、かくれんぼ、竹とんぼ、お手玉等のような野外伝承遊びは、近代的な学校教育が始まる以前からある少年教育の機会と場で、効率的ではないかもしれないが、最も確実な社会人準備教育の方法であった。

近代的な諸器具を相手に一人遊びをしがちな今日の子どもたちは、その機会と場に恵まれることもなく、社会人になるための訓練がなされないままなので、善悪の区別や人間関係の培い方、言葉の使い方、絆の持ち方等が分からず、戸惑いがちなのである。

(三) 群れ遊びの楽しみ

①石当ては目測遊び

「石当てはどんな遊び?」

「石当て遊びなんか知らない。知らない遊びはやりたくない」

「石当て遊びは面白そう」

興味を持つ子、持たない子、やりたくないとしぶる子等、今日のいずれの子どもでも、一度石当て遊びをやり始めると、単純で分かりやすいのですぐに夢中になってしまう。野外伝承遊びの中でも素朴で簡単な遊びなので、四～五歳の子どもから大人まで誰にでもできる。何より的になる石と石ころさえあればよいので、道具を作ったり買ったりする必要がなく、やり方さえ分かれば、いつでもどこでもできる。しかも二人以上で競いあう遊びなので、競争心が湧く。グループ対抗になるとさらに盛り上がり、一層競争心が湧いて活気づき、団結心が強くなる。

遊び場としてのコートの広さは、四年生以上なら縦四メートル、横二メートルの長方形。小石を当てる目標物（約一五センチ×一〇センチ）には石や缶、レンガや木片等があり、それを四メートル先の線上に置く。それに小石が当たるとカンとかカチンと快音が弾ける。本来は石に小石を当てるので「石当て」と呼ばれているのだが、今では石がないと缶や木片・レンガ等をも代替とする。

石当ては、距離感や判断力、バランス感覚等を培う目測遊びなので、目標物から視線を逸らさず、絶えず見ていることが重要なこつなのである。

競争の仕方は、目標物とは反対側の線から、体の各部所に小石を乗せて運んで行き、落として当てるだけ。しかし、慣れないと簡単には当たらない。

子どもたちは一列に並んで順番に歩いていく。規則や順番を違える等のずるをすると、他の子どもたちの批判があり、遊びがうまく進行しなくなる。

まず平扁な小石を頭の上に置いて、落ちないように体のバランスを取りながら歩いていき、目測によって適当な場所から頭の石を立ったまま落とし、目標物に当てる。次には額、耳、頬、肩、胸、背等に小石を置いて、そして、膝の内側に小石を挟んで片足のケンケンで、足の甲に置いて運び、最後にスタートラインから小石を下手で投げ、ノーバウンドで的に当てるのである。

これら一〇項目の内容を初めから順番に行い、当てることができたら次の項目に進み、順番通りにやって先に全てをやり終えた者が勝ち。それぞれの項目ができなかった者は三回まで同じことを繰り返すことができるが、三回以内で当てることができなければ次の項目に進む。途中で各部所から小石を大地に落としたら失格で、一回分とする。点数は一回で当てれば三点で、二回目は二点、三回目は一点、当てられないと零点である。

一見大変簡単なようだが、実際にやってみると、直観力や体の柔軟性、それに機転のきくことが必要なので、なかなか手こずる奥の深い遊びである。

「額に石が乗せられない」

「額に石を置いたら前が見えない」

額の中央に石を置くと上を見ることになるので的を見ることはできない。石当ては絶えず目標物を見ていないと目測ができない。

「額は広いよ。どちらかに寄せて片目で的を見ながら進めばいい」

ヒントを与えてやるといろいろ工夫する。石当ての遊びの目的は、距離感を培い、規則を守らせることである。

「頬に石が置けない」

耳に置いて歩くのはやさしいが、頬に置く場合は首を十分に横に傾けないと滑り落ちるので、工夫が必要。

「胸に石を置いては歩けない」

今日の子どもの多くが、体が硬く、腰を後ろに反らす柔軟性が培われていない。そのため膝を曲げて歩くので、体の揺れが大きく、小石が胸からずり落ちてしまう。

膝の内側に小石を挟んで、僅か四メートルを片足のケンケンで進めない子がいる。ケンケン跳びの遊びは私が訪れた世界各国にあった。古代から人類に共通してあるこの遊びは、幼・少年の子どもが足腰を鍛えるための運動であった。

特に、昔も今も誘拐魔が多く、危険性の高い家の外では遊び難い女の子が好んでやる遊びである。家の中庭とか、囲いのある比較的狭い所で足腰を鍛えるには最も効果的なので、昔から女の子によく遊ばれた。子を産む女性は、足腰を鍛えておくことが望まれるのである。

その世界に共通してあったケンケン跳びが、今日の日本の子どもたちは十分にできない。片足でするケンケン跳びが、まるで酔っ払いのようによたよた、バタバタする姿は、子どもらしくはないし、足腰の弱さを象徴している。

僅か四メートル先の的に小石を投げ当てるにも、肩の上から投げ下ろす子が多い。近い距離だから下から自然に投げるようにと教えても、野球のボールを上から投げるよう習ったり、見覚えているので、勘がつかめずなかなか当たらない。

石当ての最後の石投げ遊びは、まさしく距離感、目測の直感的行為なのだが、今の小・中学生にはなかなかできない。しかし、やり始めると単純なだけに、大人も子どもも、やれるはずだとばかりに夢中になってしまう。

②科学的な竹とんぼ

「どうして空高く飛ぶの?」

「どうして遠くへ飛ぶの?」

一枚の竹板を削って作る竹とんぼを飛ばしてみせると、小中学生の男の子も女の子も驚きの声を発する。

「やりたい、やりたい」

子どもたちは我先にと試みるが、飛ばせない。

「どうして?　なぜ飛ばないの?」

たいていの子が不思議がって何度か試みるが、数メートルも飛ばないのでやめてしまう。

「こうして飛ばせばよく飛ぶよ」

再びやってみせ、十数メートルも飛ぶと、子どもたちは初めて自分ができないことに気づく。

「教えて!　飛ばし方を教えてください」

今の子どもは、他人ができることは自分でもできると思いがちで、自分でやってみるまで教えを乞う気持ちが起こり難い。

知識や情報はすぐに自分のものにすることができるので、教えてもらって感謝する経験が少なく、謙虚さに欠ける。ところが、竹とんぼはこつをつかんでいないと飛ばすことは簡単ではない。そのことを具体的な事実として認識することによって初めて「教えてください」という言葉が発せられる。

生活体験学校の活動プログラムには必ず竹とんぼを作って飛ばし、飛距離の競技会をし、順位をつけて上位三位から六位くらいまでに賞品を渡すことになっている。

竹とんぼを作るには、竹を切って割り、一枚の竹板を作る。子どもたちには一枚の竹板と一本の軸棒を渡すので、竹とんぼ作りはそこから始まる。

羽根としての長さ一二〇～一四〇ミリメートル、幅一五ミリメートル、厚さ三～四ミリメートルの竹板と、羽根の一・五倍の竹の軸棒を渡されると、まず竹板の中心にキリで穴を開け、両面を同じように斜めに削る。この斜めに削る角度が科学的で重要な点なのである。しかも、表裏の両面を同じように削り取る。うまく削れたら羽根の四隅をサンドペーパーかナイフで削り取る。そうしておかないと、回転する羽根が顔に当たれば傷を負うことになる。

羽根に軸棒を差し込んで、コップ等の上に軸棒を置き、羽根の左右のバランスを取り、平行になるようにする。平行になったら羽根と軸棒が直角になるようにして接着剤で固定する。竹とんぼができ上がると、次は飛ばし方である。

軸棒を垂直にして回転させると、羽根は上空へ舞い上がる。滞空時間を競うにはこの方法でよいのだが、遠くへ飛ばすには、軸棒を前のほうへ四五度に倒して放物線を描くように飛ばすとよい。それに軸棒は丸いものより角張ったものの方が抵抗があってよく回転させることができる。

「できないよ、教えて」

今の子どもはたいてい手先が不器用で、両掌を合わせて、竹軸をうまく回転させることができない。右利きなら竹軸を左掌の手前に、右掌の先の方にして、一気に左手を手前に引き、右手を前に押し出して軸を離すと、竹とんぼがうまく飛び立つ。

「ねえ、どうするの？　うまくいかないよ」

子どもたちが弱音を吐く。

「やっているうちにできるようになるよ」

「できないよ、教えてください」

子どもらしく素直に教えを乞う。私は笑いながら、後ろから両手を子どもの両手に合わせ、一緒になって竹とんぼを飛ばす。

「飛んだ、本当に飛んだよ」

子どもは夢見るような表情で大喜びをする。

「もう一度やって」

同じようにもう一度飛ばす。二～三度やると、子ども自らが工夫して何度も試みる。そのうち五～六メートルは飛ぶようになる。

「うわ！　飛んだ、飛んだ！」

跳びあがって満面に微笑をうかべて満足げに喜ぶ。そこには理屈をこねたり、批判的でひねくれたような表情はどこにもない。

「本当によく飛ぶよ。僕が作った竹とんぼだよ」

五～六メートルしか飛ばなくても、自分で作って自分で飛ばしたことの誇りと自信から、自慢げに、これ見よがしに叫ぶ。

「ねえ、僕のはよく飛ばないよ、どうすればいいの？」

中には、他人よりも飛ばないと、竹とんぼを見てくれと持ってくる子もいる。そして、ちょっと調整してやり、飛ばし方を教えてやると、よく飛ばせるようになる。

子どもたちは飛ばしているうちに、掌の軸棒を回転させる感触がつかめ、飛ばし方のこつがつかめる。すると、三〇分前とは全く違う表情になり、活気づいて意欲的に飛ばし始める。飛ばせるようになった子どもたちは、こちらの指示に確実に従うようになり、二〇〜三〇人の子どもが大変謙虚になって、言葉遣いすら丁寧になる。竹とんぼ一本で子どもたちを御せるのは、本質的には五〇年前の子どもと何も変わっていないからだ。

「やった！」

「よっしゃ！」

「負けないぞ！」

彼らを一列に並べて飛距離の競争をさせると、一〇メートル以上も飛んで一位や二位、三位にでもなると、まるで鬼の首でも取ったかのように大喜びをして、両手を上げたり、拳を握りしめて喜びの声を上げる。

彼らは、竹とんぼが飛ぶ科学的な原理をまだ知らない。やがて高校生にでもなって、物理で飛翔の原理でも知れば、竹とんぼがなぜ飛ぶのかが分かるだろう。まさしく遊びは学びの原点なのだ。

今は飛ばすことに喜びを感じるだけで十分だ。彼らは遊びについて「教えてください」という謙虚な気持ちになって初めて自分の力を知ったのである。

③競い合うスイカ割り

「スイカ割りをやったことのある人？」

今日の小中学生に質問すると、たいてい半数くらいの子が手を上げる。しかし、具体的には何も知らない。〝スイカ割り〟という言葉は、テレビや漫画、物語で、夏休みの風物として知っているが、体験的に知っている子は少ない。

「スイカ割りってどうするんですか？」

「スイカを割ってどうするんですか？」

「本当に叩き割っていいんですか？」

「スイカを何回割るんですか？」

子どもたちは何度も質問する。彼らが考えているのは、レクリエーションとしてのまねごと的なスイカ割りで、班対抗の勝敗を決するような、協力しあって団結力を盛り上げるようなことではないのである。

五～七日間の生活体験学校では、四班に分かれて共同の自炊生活をする。三日もすると、班員としての意識が強くなるので、たいてい四日目の午後に班対抗のスイカ割り競争をさせる。そして、勝った班に最も多くのスイカを与えることにしている。

子どもたちは四日目にもなると、もう家庭での生活から離れて、小学五年生から中学生までが七～

八人一緒の異年齢集団の生活が日常的になる。

当日の朝の集いで、午後にスイカ割り競争があり、一番よくスイカを叩いた班に、一番多くのスイカを渡す旨を伝え、簡単にやり方を伝えておく。すると、班ごとに話が盛り上がり、他の班に負けないように対抗意識が徐々に芽生える。

午後三時から約一時間かけて、棒によるスイカ割り（本当はスイカ当て）大会をする。子どもたちはもう家庭生活とは違って、目の前にある物はなんでも食べるようになっているし、夏の午後三時は、渇きもあって誰もがスイカを欲しがっている。

四班に分かれての対抗は、スイカ欲しさだけではなく、班の協力、協調、団結のような雰囲気があり、自分たちの班が勝つのだという意欲に駆られて、やる気満々なのである。

校庭のテント近くに引かれた一本のスタートラインから五メートル離れた地点に、三メートル離してスイカが二個置いてある。そして、二手に分かれて、一斑と二班の子が縦に並んで順番を待つ。班員一人ずつが順番に目隠しをされて歩いて行き、五メートル先のスイカに棒を叩き当てる競技なのだが、本当にぱっくり叩き割られては水分が出て味がなくなる。そこで、棒がスイカに当たっても大きくは破損しないように、直径一センチくらい、長さ一メートルくらいの細い棒を持たせるのである。

スタッフの係員が各班の子どもの顔にタオルを巻いて目隠しをし、三回転させて方向感覚を狂わせておいて棒を持たせ、スイカに直面するように出発させる。各スイカの近くにはスタッフが一人ずつ審判員としてつき、二個のスイカの中間点に審判長として私が立っている。しかし、審判員は声を発してはいけない。棒が当たったかどうかを確認するだけである。

競技が始まると、目隠しされた班員の行動に指示を出す仲間たちと、それを遮るように偽りの情報を伝える者、待っている三、四班の者たちの野次馬としての叫び声や悲鳴のような声と罵声が飛び交い、まるで野戦場のような雰囲気で大変騒がしくなる。

現代のひ弱と言われたり、競争心がないとか、意欲がないと言われる子どもたちのどこに、これだけの活気と意欲と競争心、それに野次馬的気力、根性があるのかと驚かされる。

「真直ぐ！　真直ぐ、真直ぐ進むんだ！」

「一歩右だ！　三歩進め！」

「俺の言うことを聞け！」

「打て！　今打て！」

「何やってんだ馬鹿！　そこじゃない、もっと右だ！」

「だから右だと言っているだろ！」

事前に打ち合わせをしていたのかどうか、年長者が叫んだり、仲間が指示を出したり、指示通りに行動してくれない悔しさに、嘆きの叫び声。しかし、そんな彼らの声が、僅か四〜五メートルしか離れていない本人の耳には、大きな叫び声や笑い声、罵声が飛び交うので届かないし、誰の声なのか区別のできる状態ではない。

「バザール、バザール、バザール……」

「とんま、とんま、とんま……」

こんな叫び声が何を意味しているのか、初めは判断がつかなかったが、やがて、指示する声が聞き取れないようにするための現代っ子的な野次で、なんでもテレビのコマーシャルに使われている言葉だそうである。
一、二班の全員が終わると、次は三、四班が行う。すると、先の一、二班の子どもたちは、一層激しく野次を飛ばし、仲間の指示する声が聞き取れないように罵声を浴びせる。一対一でこんな野次や罵声を浴びせられたら殴りあいのけんかになるだろうが、本人は目隠しされてスイカ当てに夢中であり、一方は数人が一斉に叫ぶので、恨みつらみのない出任せな野次を飛ばしているにすぎない。
スイカにうまく棒を当てて喜ぶ子、失敗して悔しがる子、とんでもない方向に行って失格になり、狐につままれたようにきょとんとしている子、仲間の指示通りに行けて抱きあって喜ぶ子、次には頑張ろうと励しあう子たち……。とにかくにぎやかなのだ。

まる一時間、班ごとの団結が強くなり、信頼感と絆に結ばれて大騒ぎをしてスイカ割り競争に夢中になっていた。

全員が二回ずつやって、どの班が一番多く棒を当てたかによって順番を決めた。三個の大きなスイカを切って分けた。勝った班は一番びりの班の四倍の量をもらえた。勝った班員たちは大喜びでこれ見よがしに、うまいうまいと言いながら食べていた。負けた班は、少ないスイカを分けあって静かに食べた。

(四) かまどでの煮炊き

①かまどで米を炊く

「〝かまど〟は日本語ですか」

「そうだよ」

「見たことはないです」

今日の三十代以下の日本人の大半が、日本の生活文化の一つであった〝かまど〟を知らない。まして小・中学生は見たことも聞いたこともない子が多い。

「〝かまど〟は電気釜のようなものですか」

中学生の一人が、釜とかまどの発音から、釜の一種のように思ったようである。

「違うよ。羽釜を置いて米を炊く所のことだ」

羽釜を置く所だと言っても、羽釜そのものを知らない。

生活体験学校が始まると、まずかまどを作る。各班ごとに一一個のセメントブロックを運ばせる。

一個の重さが約四キログラムあるので、運ぶのは楽ではないが、全員で運ばせる。

校庭の一角に各班のかまどの場所を決め、そこに作らせるのだが、まず見本にかまどを作ってみせる。生活体験における指導の方法は、何事にもまず見本を見せることだ。

ブロック五個を使って、広い平面を上下にして、二個のコの字型を作る。この時角をしっかりくっつけておく。そして、六個のブロックを狭い面を上下にしてその上に置くが、コの字型の幅は、羽釜や鍋の大きさに合わせる。すると〝ヨ〟の字型のかまどができ上がる。私たちが子どもの頃は形の不定な自然石を使って作ったので、子どもにはなかなかうまくできなかったが、今は商店でも売っている定形のブロックを使うと、大変便利で、簡単に作ることができる。ただし、ブロックには穴が開いているので、この穴を土や砂、石ころ等で塞いでおかないと、風が強いときにはかまどの中に吹き込んで、熱効率を悪くする。しかし、風のない時はそのままでも煮炊きできる。

「かまどって簡単にできるんだ」

初めての子どもにでも、ブロックを置くだけでできるので、たいていの子どもはそう思う。事実、ブロックを使ってかまどを作ることはやさしい。しかし、多くの人がそのことを知らない。

羽釜に米を入れて炊くには水加減が重要である。米を二〜三度研いで、水が白濁しなくなったら羽釜に水を入れ、指を伸ばして掌を米の表面と水平につけ、手首の小指側の突起の下の辺りまで水を入れて蓋をする。この水の量が少ないと半煮えのごち飯になり、多いとやわらかい飯になるので、水加減は大変重要である。

米と水の入った羽釜をかまどに置いて、薪を燃やせばよいのだが、火加減が少々難しい。米を炊く時の火力の加え方を〝初めチョロチョロ、中パッパ、赤子泣いても蓋取るな〟と、昔から表現されている。

これは、炊き付けに火を点して、薪が燃え上がるまでの間を、〝初めチョロチョロ〟と表現している。そして、薪が燃え上がって火力が強くなった状態を、〝中パッパ〟と表現し、火の勢いをつけて炊くようにする。羽釜の中の米がよく炊けて、水が少なくなり、蒸気が蓋の下から吹き出し、プープーからピーピーという音が出始めると、蒸気圧で蓋が持ち上がり、カタカタと音を立てるようになる。これが、〝赤子泣いても蓋取るな〟の意味で、この時に蓋を取ってはいけないと教えている。

やがて蒸気圧が衰えて静かになると、ご飯が炊き上がったので、火を弱くしたり、消したりして、しばらく蒸らしておくと、大変香りのよいおいしいご飯が炊き上がる。ご飯が炊き上がった後は火を弱くしたり消したりしないとおこげができる。少々ならよいのだが、ひどくなると黒こげになって食べられない。

このかまども、それにかける羽釜も、欧米にはない日本独特の稲作文化の一つで、よりおいしいご飯を炊くために考案された先祖伝来の生活の知恵である。

かまどは熱効率を高め、燃料の薪を節約するエコロジカルな知恵の結晶だ。それに羽釜の羽根は、かまどに置くのに便利なだけではなく、熱効率を高める最高の技術で、羽釜内のお湯がうまく対流し、米がおいしく炊けるように工夫されている。日本にしかないこの羽釜の原理を応用してできたのが、今日の〝電気釜〟なのである。だから、羽釜がなかったら電気釜は考案されていなかったかもしれない。

今日の家庭ではもう使われていないが、天災時や緊急時等の野外炊飯には、日本古来の伝統文化である〝かまど〟をブロックで作り、羽釜を使って炊飯すれば、何十人分、何百人分のご飯が簡単にでき、おいしくて温かいご飯が食べられる。

「米を炊く」という日本語すら分からなかった子どもたちが、生活体験学校で二〜三日もすればその意味を十分理解するようになる。

今日では、アメリカから導入されたキャンプや昔の軍事訓練の名残があって、よく飯盒炊爨《はんごうすいさん》をする。しかし、アルミニウムなどで作った底の深い飯盒は、軍隊や登山などで使用した炊飯兼用の弁当箱で、日常的な道具ではない。それに、飯盒は一人または二〜三人用で、四〜五人以上の場合は炊飯効率が悪く、薪を余分に使う。日常の生活体験用には、かまどを作って羽釜で炊飯した方が、はるかに便利で効率がよいのである。

②薪の焚き付け

「火はきれいだねえ」

子どもたちは、薪が燃える明るい色をきれいだと表現する。しかし、近づいたり触ったりすると熱いので、物が燃えることに不思議を感じるようだ。

生活体験学校における各班で役割を決める時、最初は焚き付け係になりたがらないのだが、一度炊事をして、かまどで薪を燃やすのを目にすると、班員たちが競って薪を燃やす〝焚き付け係〟になりたがる。中にはかまどの前に座って動かない子もいるくらいである。

薪に火がついて燃えはじめると火勢が強くなるのだが、薪が燃えてしまったり、薪をいじったりして火勢がなくなると、火保ちの方法を知らないので、茫然としていたり、立ち去って知らぬ振りをする。薪が燃えている時は熱心なのだが、火勢が弱くなるとどうしていいか戸惑ってしまう。

薪を燃やすには、熱と空気が必要。それに、焚き付け用の小枝や紙も必要である。マッチをすって焚き付けに火を付けるのだが、マッチのすり方を知らない。燐の付いている軸頭をマッチ箱のざらざらしている面に強くこすりつけると発火するのだが、そのやり方を知らないので、マッチ棒を一〇本も二〇本も浪費する。

マッチ棒をこすって発火させても、軸を持っているうちに手が熱くなって離してしまう。マッチ棒を二、三〇本も浪費してやっと薪に火がついても、薪をかまどの中にたくさん突っ込んでしまうので、空気が中の方に入らず、すぐに消えてしまったり、入口の方だけ燃えて熱効率が悪かったりする。

薪は四～五本を左右から斜めに重なるように差し込んで、下の方から絶えず空気が中に入るようにしておけばよく燃え、かまどの熱効率がよく、二〇～三〇分で米が炊ける。

「しっかり燃やさんか」

「この薪はよく燃えないよ」

注意すると、薪が悪いのだと頭をかしげて不満顔。

「君の燃やし方が悪いからだよ」

子どもたちは薪が燃えている火を見ることは好きなのだが、薪を上手に燃やすことは苦手で、燃やし方に上手・下手があることには気づかない。

薪を燃やすためには、最初は小さく割った方がよいのだが、一度燃えついて火勢がつくと、小さな薪はすぐに燃えつきてしまうので、小さく割る必要はなく、大きめの薪を差し込んでおけばよいのである。しかし、子どもたちは薪割りも好きで小さく割ってしまう。

刃物を右手に持って使うときには、必ず左手に手袋を着用させる。子どもたちは刃物の鉈を振り回したり、薪を割る時持っている左手を離すタイミングが分からないので、手に切り傷を負いがちである。

三日もすると、誰も「火はきれいだ」などと言う子はいなくなる。その代わりに火は熱く、全ての物を燃えさせて煮炊きができることを知って、上手に燃やすことに意欲をかきたてられるようになる。

それに、一度焚き付けをし、上手に燃えさせることができると、他の知らない子に、自慢げに焚き付け方を指導するようになる。班の中で二〜三人も焚き付けができるようになると、炊事に要する時間が短くなる。

「焚き付けなんか簡単だよ」

数日前には信じられないような言動をし、自信ありげな表情をするようになる。

生活体験学校では、いざという時に役立てられるよう、日本の伝統文化であるかまどを作って薪で煮炊きをする。電気やガス、灯油等による炊事しか知らない今日の子どもたちに、あえて生活の原点を体験させようとの意図によるものだ。薪を燃やしてかまどで煮炊きすることは、日本人の知恵であり、生活文化の一つでもある。

「うまくなったなあ！」

ほめてやると、得意げに笑いながら、仲間たちの方を向く。

「やればできるんだよ」

「そうですね」

子どもらしく素直にうなずき、目を輝かして満面に微笑をたたえる。

③けむい煙と熱い火

「煙はなんでけむいんだ⁉」

今の子どもの多くが、煙がけむいことを知らない。〝けむいから煙なのだ〟と教えると、きょとんとした表情をする。第一にけむいことの言葉の意味がよく分かっていない。煙が目に入った刺激によって涙を流しながら、「なんでこんなにけむいんだ！」と泣きべそをかく。煙が目を刺激する具体的事実を理解しようとせず、「けむい」という言葉を使っている。けむいという日本語の意味とけむい実体とが一致していないまま、煙のけむたさに驚くと同時に不思議を感じて戸惑う。人間にとって煙がけむいのは科学的現象なので、煙の実体を知らずしては、科学する心はなかなか芽生えないだろう。

「これなら大丈夫」

十数年前に無人島生活体験をした時、小学五年生の男の子が、目が煙に刺激されて涙が出ることに耐えられないのか、水中眼鏡（ゴーグル）を持ってきてかけ、得意げに薪を燃やしていた。

水中眼鏡をかけると確かにけむくはないのだが、そのうちに体温や気温のせいで空気が暖められ、眼鏡の内側が水分でくもり、よく見えなくなった。アイディアはよいが実用的ではないので、その子はやがて水中眼鏡をはずして、再び煙にまみれながら、「なんでけむいんだ」と煙に対して怒りをぶっつけていた。しかし、二〜三日もすると、文句を言わなくなった。

この生活体験学校でも同じで、二〜三日もすると、誰も煙に対して文句を言う者はいなくなり、煙とはけむいものだという事実を認識し、それに耐える力や気にしない心得を身につけていった。

物が燃えると煙だけではなく熱も発散される。薪が燃えている光景は誰が見ても美しい。それに炎がうごめく躍動感に、眺めているうちに熱と力を感じる。

「火は本当に熱い。なんでこんなに熱くなるんだろう」

たいていの子どもは薪が燃え上がる炎が好きだ。そのせいか、初めは競ってかまどの前に座って薪を燃やす係をしたがる。目の前で薪を燃え尽くす炎に不思議な力があるように感じ、しばらくの間じっと見つめている。しかし、やがて熱くなって遠ざかる。

「火はきれいだねえ！」

多くの子どもは、うごめく炎を見てきれいだと表現する。物体である薪が煙を出し、炎を発して熱をも発散するのである。物と熱と酸素があれば物体が燃える自然現象は簡単に起こる。

今日の子どもたちが見ている電気やガスや灯油が熱を発して燃えても、後には何も残さないが、薪が燃えると〝おき火〟（燃え残り）になる。そのおき火はまだ熱が強く、いろいろな光を発するので、暗い所ではさらに違った美しさを感じさせる。

「花火のようだ」

小学五〜六年の子は、薪の燃えさしであるおき火をよく花火のようだと表現する。それに、夜見ると「きれいだなあ！」と感嘆の声を上げるのである。

「あっ、痛い！」

突然に大きな叫び声が上がった。駆け寄って見ると、おき火を素手でつかんだ女の子の叫び声であった。

「どうしたの？」

「火がきれいだったので……。でも、火をつかむと痛かった」

小学五年生の女の子が、うれしげに笑いながら言った。

「馬鹿だねえ。おき火は熱いに決まっているじゃないか。火傷しなかったか？」

悪びれることのない少女の手をつかんで掌を見たが、皮膚が少々赤くなっているだけであった。

「痛くないか」

「少し痛い。でも大丈夫です」

彼女は、おき火をつかんだことの反省や後悔よりも、痛かったことへの実感にはにかみながら笑った。

「二度とつかむなよ。おき火をつかむと火傷するよ。分かりましたか」

「はい」

彼女は素直に返事をして、両肩に首をすぼめるようにした。おき火が、炭火と同じように熱いことに気づいていなかったのかもしれない。しかし、彼女だけではない。小学五年生の中には、毎回一〜

三人はおき火を素手でつかむ子がいるのである。

おき火が徐々に熱を失って火が尽きると白い灰になる。灰にはもう現物の姿形がない。物が燃え尽きて原型を止めない灰になると、もう熱を発する力はないし、煙も出ない。

(五) 便利な道具

①火吹き竹はどちらから吹く?

「火吹き竹って何ですか」

今の子どもたちの大半が、火吹き竹を見たことも聞いたこともないし、使ったこともない。しかし、火吹き竹は、日本の稲作文化としての炊飯にとっては大変重要な道具であった。

かまどに羽釜を置いて米を炊くには、どうしても火吹き竹が必要だ。欧米には竹がないので火吹き竹はないのだが、鉄や銅やアルミのパイプによる、同じような役目をする道具はある。そんな重いものを野外には簡単に持ち出せない。アメリカから導入されたキャンプには、かまども火吹き竹も使われない。しかし、日本式の生活体験においては、炊飯に羽釜や鍋を使うので、どうしてもかまどが必要であり、火吹き竹があれば大変便利なのである。そのことを知らないキャンプ愛好家は風を送るのに団扇を使っている。しかし、灰を巻き上げるので、あまり好まれない。

火吹き竹は、直径三～四センチくらいの竹の片方の節を切り落とし、片方の節は残して、中央にキリで二〜三ミリの穴を開ける。火吹き竹の作り方を説明して作らせるのだが、使い方は簡単なのであまり説明しないでいると、どちらから吹けばよいのか迷う子がいる。

「火吹き竹はどちらから吹けばよいか？」

意地悪な質問なのかもしれないが、日本人なら分かるはずだと思って問う。しかし、今の子どもたちは日本の生活文化を教えられていないので、学校で習った科学的な知識で推察する。

「小さい穴の方から吹きます」

たいていの子が小さな穴の方から吹くと答える。しかし、小さな穴から吹けば火吹き竹の役目を果たせない。だから役に立たない火吹き竹は放置されがちである。

「どうして小さい穴の方から吹くのだ？」

「口の大きい方から吹くと、空気が詰まってしまって、流れが悪くなるから。それに管楽器はすべて小さな口から吹くじゃないですか」

今日の小学生から大学生までが、ほぼ同じような考え方で、さも科学的に正しいことではないかと言いたげに答える。

しかし、彼らは、道具としての火吹き竹の役目については知らないが故に考えられないのか、ただ空気の流れだけを主張する。

火吹き竹は、口の大きい方から息を吹き込んで、小さな穴の方から長く勢いよく空気が出ることによって、薪の燃えるのを勢いづかせるのである。物が燃えるには、燃える物と熱と空気が必要。火吹き竹は、その空気を吹き込む道具であって、楽器とは使われ方も機能も異なる。

火吹き竹の口の大きい方から勢いよく息を吹き込むには、竹口を口でくわえてはいけない。唇を竹口につけ、唇の形を考えて吹けば、勢いよく息を吹くことができる。このことは、言葉や活字で何十回説明されてもよく分からないし納得できないのだが、実際にやってみればすぐ分かる。火吹き竹で息を吹き込めば、薪が勢いよく燃え上がる事実を見れば誰でも納得できる。

②刃物は必要な道具

「このナイフよく切れるよ」

キャベツを切っていた子が、驚いたような表情で言った。

「それはナイフではなく包丁だよ」

「ナイフと包丁は違うんですか」

包丁とナイフの区別のつかない子どもがいた。どちらも刃物で、物を切る道具である。包丁は食材を切る道具で、料理用の平たくて薄い刃物、ナイフは食事用に切ったり削ったりするための小刀であったり、木や竹等の小物を切る小さな刃物のことである。しかし、どちらも刃が鋭く、物がよく切れる道具だが、使う人や使い方によっては大変危険な道具でもある。

「野菜を切るときには、決して刃の先に指を出さない。左手の指を少し握りぎみに曲げて押さえた方が安全だよ」

子どもたちは右手に包丁を持ち、左手の指を伸ばして野菜を押さえていたので、注意を促した。

「刃物を相手に渡すときは、柄の方を先にして渡すものだよ」

隣の子に包丁の刃先を向けて渡している子がいたので注意した。

「どうして？」

子どもは、叱りぎみに語気を強めて言った私を見て、けげんな表情をした。

「刃先を相手に向けては危険だろう？」

「そうですか」

その子どもは納得のいかない表情だったのだが、包丁を持ち直して渡した。

子どもたちは、生活体験を始めて二日間くらいは、使った後洗い場への往復によく包丁を振り回していた。まるで時代劇の刀のようなつもりなのか、遊び半分に面白がってやる。それに、近くに人がいても刃先を向けて歩く子さえいる。

生活体験の最初は、子どもたちは包丁の持ち方や扱い方を知らないので、はらはらさせられながら何度も注意したが、その危険性を具体的に知らないので大変やっかいであった。しかし、一度自分や他人が指を切ったりして血を見ると、緊張して気をつけるようになる。

今の子どもたちは刃物を使う機会があまりないので、切り傷を負うことが少ない。そのせいか、血を見ると小さな傷でも驚いてしまい、すぐに絆創膏を貼り付けて仕事を止めてしまう。

「そんな小さな傷はすぐ治るよ」

経験がないためか、気にするなと言っても気にしがちである。

小刀で箸や竹とんぼを作らせるのだが、刃物の扱いを知らないので、教えてもなかなか切ったり削ったりすることができない。

「右手をしっかりわき腹につけてナイフを持ち、左手に持った物を強く引くとうまく削れるよ」

教えてもこつがつかめないのでなかなかできない。それどころか、刃物の先に指を持って行きがちである。

刃物は大変便利な道具だが、危険な物でもあり、指を切ったり大きな切り傷を負うことがある。刃物を扱いなれていないので、その危険性がよく分かっていないこともあって、ぞんざいな取扱いをする。火をつかむ子と同じように、平気で刃の方を持つことさえある。

はらはらしながら注意を促しても、どこがどういけないのか理解せず、本当にきょとんとした表情をすることさえある。

しかし、二日、三日とたつうちに、何人かの子が小さな切り傷を負って泣いたり、痛がっているのを見たり、自分で傷を負ったりするので、刃物の危険性と切り傷は痛いことを知って気をつけるようになり、こちらの注意に素早く反応するようになる。

四日もすると、たいていの子が、刃の方を持ったり、相手に刃先を向けて渡したりしないようになった。

子どもたちは、右手に握った包丁で野菜を切る時も、左手の指を握るように曲げたり、箸や竹とんぼも立派に作り上げ、五日も経つと刃物が大変便利で必要な道具になった。

（六）変わらない食文化

①〝目刺〟と〝めざし〟

生活体験学校では、一日三食全て自炊で、しかも和食を中心としている。だから、一般の日本人が家庭で食べているような物を料理して食べるのである。

「これがめざし?」

「いわしとよく似ているよ」

「めざしもいわしも同じだよ」

「違うよ。これは〝めざし〟という魚だよ」

「そうかなあ、これいわしじゃないか?」

「ちがうよ、めざしだよ」

「僕、めざし食べたことないよ」

生活体験四日目の朝食には、小なりといえども尾頭付きのいわしの干物、目刺を焼いて食べる。各班に配られた目刺を金網の上に置いて焼きながら、子どもたちが、目刺について話し合っていた。

この頃の子どもは、魚の切り身を魚と間違えることがあるそうだが、めざしを魚の名前だと思っている子がいたので、簡単に説明した。

「めざしっていわしのことですか」

「そうだよ」

「どうして〝めざし〟と言うんですか」

「いわしの目に、わらや串を刺して、数尾連ねて干したものを〝目刺〟と呼ぶんだよ」

目刺は、日本で最もよく知られた庶民用の朝食のおかずであるいわしの干物で、保存食である。

「僕は〝めざし〟という魚だと思った」

「こいつ、目刺を食ったことがないそうだよ」

「僕、本当に食べたことないよ」

小学五年生の男の子が、真顔で言った。

「食べてみなさい。うまく焼けるとおいしいよ」

「あまり食べたくない」

「生活体験としての共同生活をしているんだから、思いきって食べてみることだよ」

「食わず嫌いなんだよ」

六年生の男の子が、からかうように言って笑った。他の子たちも「そうだよ」と相槌を打っていた。

以前に行った無人島生活体験においても、毎年必ずと言っていいほど、魚が嫌いという子がいた。理由は、魚臭いからだとか、骨があるからとか皮がついているからだということであった。しかし、三日もすると、その子が魚を食べるようになっていた。一週間もすると、魚を好きになったのである。一種の食わず嫌いであったのかもしれないが、無人島では食料が限定されていたこともあって、好き嫌いなど言っていられなかったのかもしれない。子どもたちは、目の前にある物は何でも食べるようにならざるを得ないこともあったが、たいていの子は好き嫌いを言わなくなっていた。それどころか、魚は皮や頭、それに骨まで食べてしまい、いわしなどは何も残さず頭から食べてしまうようになった。

無人島とは大違いの東京の小学校の校庭での生活体験ではあるが、四日目にもなるとあまり好き嫌いなど言わなくなる。私は、目刺を食べたことがないと言う子に、ぜひ食べるように勧めておいた。

「僕、初めて目刺を食べたよ。思ったよりうまかった。帰ったらお母さんに言って焼いてもらって食べるよ」

朝食後に、何げなく尋ねると、目を輝かしながら自慢げに言った。

日本の子どもで、一番たくさん取れるいわしの干物である目刺を食べたことがないという子の家庭が、どのような食生活をしているのか知る由もないのだが、五年生になるまで食べなかった、知らなかったということは、日本の食文化を十分に体感できていなかったのかもしれない。それにしても、目刺を具体的に知ることができたので、日本語が一つ理解できたことになる。

②大豆から豆腐ができた

生活体験学校五日目の昼食に、豆腐を作って食べることになっていた。

「こんな豆から本当に豆腐が作れるのかなあ?」

前の晩にバケツの水の中に大豆を浸していた子どもたちは、疑い深げに話していた。

「大丈夫、明日の昼には間違いなく豆腐になるよ」

何度も説明したが、豆腐作りの過程を知らない子どもたちは、不信そうな表情をするだけだった。

その翌日の豆腐作りは午前十時半から始まった。

「はい、このやわらかくなった大豆をミキサーにかけてください」

指導講師が大きな声で指示し、子どもたちはさっそく大豆をミキサーにかけた。

「あれ、この大豆ふくれてぶよぶよだよ」

昨夜大豆を水に浸けた子どもたちが、水を吸って大きくふくれた大豆に触っていた。

大豆は夏でも八~一〇時間も、約三倍の量の水に浸して柔らかくする。昔はその大豆を石臼で引いたのだが、今はそれを水と一緒に電動ミキサーにかけて小さく砕く。その汁を〝呉《ご》〟と呼ぶのである。

子どもたちは面白がって、昨夜から水に浸して柔らかくなった大豆をミキサーにかけて呉を作りながら話していた。

「こんな汁が豆腐になるのかなあ？」

「ちがうだろう、こんな豆の汁が豆腐になるはずがないじゃないか」

「そんなことはないよ。だって今豆腐を作っているんだよ」

「そうかなあ？」

「そうだよ」

子どもたちは楽しげに笑いながらも疑問に駆られるようだ。

「はい、その汁、呉を鍋に入れて煮立ててください」

講師の指導で、でき上がった呉をかまどにかけた鍋に入れた。子どもたちはかまどに薪を入れて燃やす。しばらくして沸騰すると、次にはふきこぼれしないように弱火で七分くらい煮る。そして、その煮立った呉をおたまで布の袋の中に入れ、鍋などの大きめの器の中で絞る。

布袋の口をよく締め、押したり締めたりしながらよく絞って汁を十分に出す。このとき、汁が熱いので火傷に注意しないといけない。汁に触った子どもたちは、「熱い！」と悲鳴のような声を上げたが、幸いにも誰も火傷はしなかった。

「器の中の汁が豆乳です。これは飲むとおいしいですよ。袋の中に残ったものがおからです」

「おからってなんですか？」

説明を聞いていた小六の女子が、不安げに尋ねた。

「おからは呉を絞った残りかすです。布袋の中にある物をよく見てください。それがおからです。これは食べられますので大事にしてください」

おからを知らなかった子どもたちが何人かいたが、知っている子も、「こんなに熱いおからは初めてだよ」と驚いていた。

「次には、この豆乳をもう一度かまどの鍋で煮てください。そして、摂氏七〇～八〇度になったら火を止めてください」

子どもたちはもう一度かまどで薪を燃やし、各班とも温度計を使って七五度くらいで鍋をかまどから下ろした。初めてのことなので、皆が講師の方を注意深く見ている。

「はい、その熱い豆乳に今度はにがりを全体にまんべんなくたらして、その後二～三回ゆっくり大きく掻き混ぜてください」

各班とも班長以下皆慎重である。豆腐がどのようにしてできるのか、ドキドキしながら取り掛かっているので、雑談する子はいない。

にがりは、〝苦汁〟と書くが、海水を煮つめて製塩した後に残るにがい液のことで、主成分は塩化マグネシウム。市販されているにがりを使って豆腐の製造をしているのである。

「豆乳の温度が低すぎると凝らないし、高すぎると豆腐が堅くなります」

子どもたちは説明されても初めてのことなので、何のことなのだかよく分からない。豆乳に一〇cc
くらいのにがりを入れて、おたまで何度か掻き混ぜていた。

「掻き混ぜすぎると、豆腐が堅くなりますよ」

注意されてやめたが、にがりを入れた直後は、豆乳が一向に凝りそうにないので心配そうに見ていた。

「本当に豆腐になるのかなあ?」

「これがどうして豆腐になるのかなあ?」

豆腐は、にがりをまんべんなく入れて掻き混ぜた後、約十分くらいで凝固するのだが、そのことを知らない子どもたちは、待ちきれずに、ドキドキしながら鍋の中をうかがっていた。

「おう! 汁が白いつぶつぶになった」

誰かが叫ぶように言った。

「本当だ! どんどん凝っている」

「黄色い汁と白い凝りになったよ」

「どうして? どうしてこうなるの?」

子どもたちは、びっくり仰天し、豆乳が凝固する化学反応を見ている。

「はい、もう十分凝りましたので、これを作っておいた牛乳パックの中に入れてください」

そう教えられた子どもたちは、用意しておいた大きな牛乳パックにおたまで注ぎ込んだ。その牛乳パックには水抜きの穴を開け、白い布巾を敷いてある。その中に凝固したものを汁と一緒に入れた。そして、牛乳パックの一面である栓をし、水を入れたペットボトルを重しにして水分を押し出す。

「本当に豆腐になりそうだよ」

「不思議だねぇ、どうしてなんだろう?」

豆乳の蛋白質がにがりの塩化マグネシウムと化学的反応を起こして、凝固する原理の分からない子どもたちは、まるで魔法使いを目の前にしているように、不思議を絵にしたような表情をしている。

そして、しばらく待ちましょうと言われると、その通りに二〇分近くも待っていた。

「さあ、牛乳パックの中から豆腐を取り出しましょう」

そう言われた子どもたちは、魔法にかかったような仕草で、重しのペットボトルを取り上げ、紙の栓を取り外し、布ごと取り出した。そして、それを水の入ったボールの中に入れて、手品のように布を取り外した。

「おう!　豆腐だ!」

「本当の豆腐だよ!」

子どもたちは、牛乳パックの形に長方形に凝った白い豆腐を見て、魔法にかかったように唖然としている。

各班の班長が、講師の指示に従って、包丁で水の中の豆腐を半分に切ると、まさしく二丁の豆腐になった。水にしばらく晒した豆腐を取り上げ、包丁で均等に切り、各自の皿に分けた。そして昼食時に、各自が醬油をかけて食べる。

「うめえ！　本当にうめえよ」

「こんなうまい豆腐初めてだよ」

「これ、本物の豆腐だ」

子どもたちは、魔法が解けた人のように目を白黒させて、自分たちが大豆から作った豆腐の味に感動していた。

四．体験から得る知恵

（一）丸木橋を渡る

私が、国立信州高遠少年自然の家の所長をしていたとき、時々二〇名くらいの年長組の園児が、四～五名の先生に付き添われて、一泊二日でやってきて、山の中の小道を歩いていた。遊歩道は、ゆるやかな斜面を蛇行しながら流れる小川を縫うように通っているので、ところどころに丸木を二～三本渡した橋がある。園児四～五名に一人の先生が付き添って、おしゃべりしながら歩くのだが、一度丸木橋に出会うと、行列は前に進めなくなる。

「大丈夫よ。ゆっくり前に進んでごらん」

先生は何度も何度も優しく話しかけ、頑張れ！ 頑張れと励ます。しかし、五～六歳の園児は、なかなか一歩が踏み出せない。小さな一歩を踏み出したとしても、途中で止まる子が多い。中には泣きだす子、怖い怖いと大声で叫ぶ子、緊張のために畏縮して身動きできなくなる子もいる。最初は一人の子どもが長さ一メートルくらい、幅二〇～三〇センチの橋を渡るのに、十数分もかかることがある。どのようにしても渡れない子は、先生が手を引いて渡らせる。最初は一組が橋を渡るのに、二〇～三〇分も要る。それでも先生たちは、子どもたちをなだめすかして、橋を渡らせようとする。皆が渡れたら拍手喝采で誉《ほ》める。そして再び歌ったり、話したりしながら前に進むのである。

子どもはわずかな落差や溝、木の根があってもなかなか進めない。ひょいと飛び越せばよい幅二〇センチの窪地でも、まだバランス感覚や距離感がないせいか、しり込みをしてしまう。川丸木橋の長さが二メートルもあれば、たいていの子どもが途中で立ち止まって前に進めなくなる。川面からわずか三〇～四〇センチくらいなのに、小さな子どもにとっては一メートルにも二メートルにも思えるようだ。

山の小道は、凹凸が激しく、平らな路面ではない。それでも大地の上でなら、五～六歳の子どもでも、おっかなびっくりの表情で、四つん這いになってでも、どうにかこうにか前に進める。しかし、小川にかかる小さな丸木橋となると、高い空中を歩くのと同じように思えるのか、文明社会に生まれ育った今日の子どもたちにとっては、とにかく慣れないことなので、不安と恐怖心にかられるようだ。

人間は、知識や技術や物を身につけるよりも先に、まず〝勘〟を身につけておかないと、自分の生命を守ることができない。勘とは、直感的に感じ取ったり判断する、脳の働きのことで、幼・少年時代のいろいろな体験によって原点が身につき、成長と共に大きく培われるものである。

大きな山の中腹にある凹凸の激しい道を、あえて歩かせたり、丸木橋を渡らせているのは、先生方が子どもの将来を考えてのことなのだ。無理を承知で、泣いても叫んでも、どうにかこうにか、時間をたっぷりかけて、親切丁寧に、見本を見せながら、言葉巧みに少しずつ上流へ導いていく。受験用の知識教育とは違った、人間力の基礎を培う道を一歩一歩と歩ませようとしているのである。

こんな体験は、四〇～五〇年前までの日本の子どもなら、三～四歳頃から日常生活の中で、年長の子どもたちと家の近くの野原、空き地、丘、山などで、自然にできていた。わざわざこんな山の中の施設にまで連れてこられて、一列に並んで体験させられるようなことではなかった。

しかし、今日の子どもたちにとっては、田舎であろうが都会であろうが、日常生活で異年齢集団によって、いろいろなことを体験することはできなくなっている。

人間は生まれながらに二本足で上手に歩くことも走ることもできないし、手で器用に物をつまんだり、握ったり、そして上手に話したりすることもできない。生後の見習いと訓練によって上手に歩いたり、走ったり、うまくつまんだり、握ったり、うまく話すことができるようになるのである。ましてや言葉や風習、道徳、声を出して笑うことでさえ、生まれながら身についているものではない。

朝九時頃に出発し、四時間近くもかけて五〇〇メートルほどの上流まで進む。十数個のいろいろな小さな橋を渡った園児たちは、体験によって少しずつバランス感覚や距離感等が培われて対応がスムーズになり、幼いながらも競争心からだんだん速く渡れるようになる。そして、子どもや先生たちの明るく元気な笑い声や話し声が林の澄んだ空気に響き渡る。

予定のコースを歩き終えた子どもたちは、緊張と苦難の行動で疲れてはいるが、満足げに、大きな声で笑ったり話したりしながら、山の中の広場に座って昼食の弁当を口にする。

(二) 鶏の雄と雌の区別

国立信州高遠少年自然の家では鶏を飼っていた。六月下旬に雌一三羽、雄二羽の五十日ビナを飼い始め、十月中旬になると、雄鶏は「コケコッコー」と鳴き始め、数羽の雌が卵を産むようになった。

九月中旬頃から鶏小屋へ見学に来る小・中学生たちに質問を始めた。

「コケコッコーと鳴くのは雄か雌か?」

「雌です」

たいていの子どもが、男女の区別なく雌だと答える。最初は冗談に答えていると思ったのだが、本気のようなのを知って本当に不思議な思いがした。

「どうして雌なの？」

十数回の質問のうち、男女とも約八十パーセントが「雌」と答えることに驚かされて問い返した。

「雌は姿形が美しく、声もきれいだから」

子どもたちは、鶏を目の前にし、その姿形の違いが分かっているはずだ。雄は体が大きく、頭の上には赤いきれいなトサカがあり、しかも全体的に美しいので誰が見てもすぐ分かる。

「どうして雌がコケコッコーと鳴くの？」

「雄を惹きつけるためでしょ」

子どもたちは物知り顔で答える。本当にそう思っているのか、「どっちですか」と尋ねる子はいなかった。しかし、「分からない」と言う子はいた。

一般的な野生の鳥は、雄が雌を惹きつけるために体が大きくて美しく、美声であるとされている。しかし、人間の場合はその逆で、女性の方が姿形が美しく、声も高く澄んで美しいと言われている。子どもたちは、鶏も人間と同じだと思っているのだろうか。

「それじゃ〝ホーホケキョ〟と鳴くうぐいすは雄か雌か？」

「雌です」

子どもたちの答えの大半がやはり〝雌〟であった。その理由もやはり雄を魅了するためだと言う。女の子がそう思うのは分からないでもないのだが、男の子までが雌だと答えるのには納得いかなかった。

このように答える小・中学生が多かったので、高校生や大学生、二十代の大人にも尋ねてみた。特に、信州大学農学部を卒業したばかりの女性職員が二人いたので尋ねてみたが、答えはほぼ同じであった。

二十代の大人までもが鶏を目の前にしていても同じような答えなので、姿形による雌雄の区別ができていないようである。だから日本語で「雄鶏」とか「雌鶏」と言っても、彼らの意識には「鶏」でしかないのかもしれない。

「雄鶏がコケコッコーと鳴き、うぐいすの雄がホーホケキョと鳴くのだよ。それは、雄が雌を惹き寄せるためだよ」

「うそだ⁈　そんなことないよ」

子どもたちはなかなか信用せず、素直に「そうですか」と認めようとはしなかった。

日本の多くの小学校で鶏が飼われているので、子どもたちは鶏を知っている。しかし、飼育する目的は知らない。

本来、人間が鶏を飼うのは食料とするためで、雌に卵を産ませて食べるか売るか、またはその肉を食べるのが目的であった。そのため雌雄の区別が必要で、どちらかといえば卵を生む雌が多く飼われていた。

今日の学校で鶏が飼われているのは教材か観賞用で、生活目的がなく、雌雄の区別は必要ないのである。それどころか、雌を飼うと卵を産むので、先生たちがその処置に困るそうだ。

先生たちがその卵を食べると、そのことを子どもが親に伝えたり、子どもの誰かに配ると、もらえなかった子が「先生がえこひいきしている」等と親に告げたりして批判されることが多いそうである。そんなことで雌鶏を飼うのは敬遠されがちだそうだ。

一方、一般の人々が都会で幼鶏をペット用に飼っていても、成鶏になると雄は〝コケコッコー〟と大きな声で鳴くので、隣近所から〝うるさい〟と文句が多くて飼い続けることができなくなり、よく学校に持ってこられたり、捨てられたりすることもあって、学校では雄鶏を飼いがちになるそうである。

「雌がコケコッコーと鳴いていましたよ」

青少年教育団体の指導者で、二十八歳の東京下町の育ちである青年が、自信ありげに言っていた。彼は小学校で鶏の飼育係をしたことがあり、鶏のことはよく知っていると言っていた。もしかするとコケコッコーの鳴き声よりも、童謡の〝コケコッコのおばさんが～〟という歌詞のせいもあるかもしれない。

鶏の雄と雌の区別ができない青少年が多くなった今日の日本は、税金による義務教育において、何を何の為に学ばせているのだろうか。もしかすると、教育の目的が生きるためや社会的ではなく、個人的な受験の為のみになされているのかもしれない。

何より少年期に、雄鶏を雌鶏と言い、道徳を好きや嫌いと言い、白を黒と言って通り、そのまま親になったら、その人の子どもたちが困るだろうし、生活文化の共有が少なくなり、社会の規範が保てなくなる。

(三) 赤いトマト

七月下旬の昼過ぎ、小学五年生の男の子三人に、国立信州高遠少年自然の家の玄関の壁際に植えてあるトマトの赤く熟した実を、取って食べるように勧めた。しかし、不信げな表情で私とトマトを見るばかりで、なかなか食べてくれなかった。私は自分で取って食べてみせた。子どもたちは私がトマトを食べる様子をうかがっていた。

「いいから、取って食べなさいよ。うまいよ」

さらに勧めたが、手を出そうとしないので、私が取って赤く熟したプチトマトを一個ずつ手に渡した。

「おじさん、赤いトマトがどうしてここにあるの？」

一人の男の子が、私を見つめながら言った。

「うん⁉」

私にはその質問の意味がよく分からず、一瞬何と答えてよいのか迷った。

「トマトの木、いや草かな、とにかくトマトが植えてあるから実がなっているんだ」

私は戸惑いを隠すように笑いながら言ったが、子どもの質問の答えになっていないのではないかと思った。

赤いトマトがここになぜあるのか、どうしてあるのか、とはいったい何を意味しているのか、考えれば考えるほど分からなかった。

言葉には、共通の理解がないと会話が成り立たないものだが、年齢が五〇歳も違う、孫のような子どもたちと話していると、ちゃんと正しい日本語なのだが、ときどき分からないことがある。

「まず食べてみなさいよ。取りたてだから香りがあってうまいよ」

子どもたちがきっと喜んで食べてくれるだろうと善意に考えて、思いっきり明るく、楽しげに勧めると、一人の子がやっと口に入れてくれた。

「うまい！　こんなトマト初めてだ！」

本当に嬉しげに発したその声につられて、他の二人もようやく食べてくれた。目を見開いて口をもぐもぐしていた彼らは、皆うまいと言ってくれ、にこやかな表情になった。

「いくらでも取って食べなさい。東京に帰ったらこんなにおいしい新鮮なトマトは食べられないよ」

東京の江東区から来たという子どもたちに、食べてくれることの喜びを一杯に表現した。

「本当に取って食べていいの？」

「いいとも。私はここの所長だよ」

私が笑いながら故意に胸を張ってみせ、「どうぞ食べてください」と言ったら、やっとトマトの木から赤い実を取って食べ始めた。

来訪する子どもたちに食べてもらおうと、五月末に植えたトマトの苗は、一・五メートルもの高さに成長し、ぶどうの大きな房のように、たくさんの実がなっている。しかし、いろいろな子どもたちに勧めるのだが、なかなか食べてくれない。

「赤いトマトって木になっているんだ！」

「青いトマトも木になっているよ」

「黄色い花もあるよ」

子どもたちは、支柱に結ばれて高く立ち上がっている大きなトマトの木を見ながら、楽しげに話していた。

「青いトマトも食べられるの？」

一人の子が私の方を見て尋ねた。

「まだ熟していないから駄目だよ」

「青いトマトは赤くなるの？」

「そうだよ、大きいのはもう四〜五日もすれば赤く熟しておいしくなる」

「そう。青いトマトが赤くなるの……。僕、知らなかったよ」

その子は驚きの表情で言った。

「だって、トマトの実は最初から赤いものだと思っていたもの。それに、赤い実がこんなにたくさんついているのは初めてだもの」

子どもが私の側に来て、嬉しそうに言った。

「そうか、それじゃトマトの木から赤いトマトの実を取って食べるのは初めてなんだ」

「そうだよ。初めてだよ。ラッキー」

子どもたちは、先ほどの緊張感はなく嬉々としていたが、プチトマトを二〜三個しか食べなかった。喜んでいる割には量を口にしない。豊かな時代に生まれ育っているので、私たちの幼・少年時代のようにがつがつとは食べない。

「他の仲間たちにも知らせてあげなさい。所内の畑のトマトは自由に取って食べていいとね。特にこのトマトはうまいんだよ」

玄関の所長室の南向きの壁に寄り添うように植えられているトマトは、日当たりのよい壁の輻射熱で気温が高くなるせいか、他の畑よりも大変味がよいのである。

「ありがとう」

子どもたちは頭をぺこりと下げて礼を述べ、わずか一〇分くらいで走り去って行った。

店の皿にのっかっていたり、食卓にある赤いトマトしか知らなかった子どもたちは、もう二度と〝赤いトマトがどうしてここにあるの？〟と同じような質問はしないだろう。

（四）虫刺されと湯ざめ

国立信州高遠少年自然の家は、平成十六年八月一日から、十一泊十二日間の〝長期野外生活体験〟を主催した。小学五年生から高校生までの六一名が六班に別れて、標高一、二五〇メートルの山の中の小川沿いにテントを張って、自炊による共同生活をしたのである。

五日目の夕方、小学生の一人が、看護用に設置したテントにやってきた。

「虫に刺されてこんなにはれた」

その子の腕や足を見て驚かされたことは、赤色を帯びたはれもののようなものがいくつもできており、腕や足が異常な状態にはれ上がっていたことだ。蚊に刺されてこんな具合にはれ上がるとは想像だにしていなかった。

「これは蜂か、蚊か、ぶよかのどれに刺されたのだろう？」

私は驚きを見せないように、当たり前のような表情を作ってやわらかく尋ねた。

「よく知らないけど蚊だと思う」

「前にも蚊に刺されてこんなにはれたことがあるの？」

看護師の女性が、虫刺され用の薬を肌に塗りながら、母親のようにやさしく尋ねた。

「こんなにはれたことはないけど、虫に刺されるとはれることがあった」

東京都からの参加者が一四名いたが、その中の一人である子が、不愉快そうな表情で他人事のようにそっけなく言った。

山の中には蜂も蚊もぶよもいる。小さな虫のぶよに刺されると、私だって少々はれるし痛い。それで夕方になると蚊やぶよ除けに、生木の葉や草を燃やして、周囲に煙をたなびかせている。

それにしても、蚊に刺されて足が象皮病のようにはれ上がるとは、アレルギー体質なのか、免疫ができていないのだろうか。私が言う虫刺されとは、熊ん蜂（スズメバチ）や足長蜂のような蜂やムカデのことであって、日常的によく刺される小さな蚊は入れていなかった。

ところが、今の子どもたち、特に都会育ちの子どもたちはあまり蚊に刺されることがなく、抵抗力が弱いせいか、ひどくはれる子が多くなっている。

山の中にいる蚊は〝藪蚊〟と呼ばれ、刺されると家にいる普通の蚊よりもかゆみが激しいと言われるが、特別に毒が強いわけでもなく、一般的にはそれほどはれ上がるわけではない。

そう思って箍《たが》がゆるんだわけではないのだが、塗り薬を塗った後、本人もあまり痛がる様子でもなかったので班に戻した。

ところが、その夜、九時過ぎになって、その子どもに聞いて、三人の子が、虫に刺されてはれ上がっているので塗り薬を塗ってほしいとやってきたそうだ。前の子ほどではなかったが、看護師さんが大事を取って救急車を呼んだ。そして、伊那市の中央病院に四人の子が運ばれ、注射一本ずつ打ってもらい、ことなきを得て戻ってきた。そのことを後で知ったが、その翌日、本人たちは何事もなかったような表情で、元気にしていた。しかし、蚊に刺された後はまだはれが残っていた。

六日目は徒歩旅行で、標高一、六五〇メートルの守屋山に全員で登った。午後三時には戻ってきたので、その後沸かしておいたドラム缶風呂に順次入らせた。

夏なのであまり熱くはしていなかったこともあって、長風呂になる子がいた。そして、出た後、体が暖まっていたこともあって、男の子はパンツ一枚、女の子は風呂に入った水着のままでしばらく遊んでいた子がいた。

ここは標高一、二五〇メートルの山の中、夏とはいえ夕方になると少々冷える。

「湯ざめするとよくないから、ちゃんと服を着ていなさい」

私は二、三度注意した。しかし、湯ざめをするという言葉の意味が具体的に分からないのか、注意してもなかなか聞き入れようとしなかった。中には、解放感にひたって仲間たちと遊びまわっている子がいた。

湯ざめによって風邪を引かれては困ると思って強く注意したので、服を身に着けてくれた子がいたが、夕方まで裸でいた子もいた。

ところが、その夜十一時頃になって、高熱を出した子が三人いたそうで、またもや救急車を呼んで病院に運んだそうである。

私は宿舎に戻っていたので知らなかったのだが、翌朝訪れたときは、一人以外は元気にしていた。子どもたちは湯ざめの恐さを知らなかったし、看護師さんは、湯ざめによる高熱だと気づかなかったそうである。

蚊に刺された子どもたちは三〜四日ではれが引き、湯ざめによって三八〜三九度の高熱を出した子どもたちは、翌日には普段と変わりない様子であった。

第5章

生活体験学園の構想

一・守られる立場から守る立場へ

人間は、自由気ままに生きようとする動物的性質を持っている。しかし、他と共に話しあい、助けあって、共通の了解事項を作り、社会の安定・継続を図ろうとする理性もある。

私たち人間は、自分が納得できないことを他人に伝えようとはしない。納得するには、まず原体験を通して見習い、見覚えた後に、理屈を知ることが必要である。

私たちは、納得したことは他人に伝えたくなり、自分の子どもや周囲の人には直接言葉で、より多くの人や子孫たちへは文字や絵などで間接的に伝えようと努力・工夫してきた。過去からの情報とは、そうした納得した人々による知恵の伝承であった。

これまで生活文化を伝承してきた主役の家庭や地域社会は、この半世紀以上もの間、自分たちが社会を守る原点であることを忘れて、社会にとって最も重要であった家庭教育や社会教育の役目が途切れがちだった。そして、ＩＴ（情報技術）の発展によって情報が洪水のごとく氾濫するようになり、生活するための知恵の伝承よりも、娯楽や経済活動を重視しているので、具体的な生活現場で納得しきれないことが多く、青少年のみならず大人の心をも一層不安にし、孤立化させるようになっていた。

平成七年度、総務庁の『青少年白書』によると、日本の青少年は社会に疑問を感じる度合いは低いが、不満を抱く者が多く、社会的満足度は大変低いとされている。

当時の日本の青年の特徴は、親を信頼せず、刹那的であり、権利意識と欲求だけは強いのだが、義務と責任の意識に乏しく、労働は個人の収入を得るためと考え、労働意識が弱く、「お金さえあれば、遊んで暮らしたい」という思考が強かった。

理想的な〝民主主義〟を学んできた若者の多くが、社会とのかかわりあいを持とうとせず、一人前の大人になろうともしないで、日本人であることへの誇りや社会に役立ちたいという意欲が弱く、豊かで平和な社会に満足もしていない。これはなにも若者だけではなく、すでに三十代、四十代の大人の多くも同じように自分中心的な考えが強くなっている。平成二十年三月二十一日の新聞によると、今日の日本人社会は、七割もの人が、他人や企業を信用できず、不安を抱いているそうだ。

某新聞の社会意識調査によると、平成二十年三月現在の日本人は政治家と官僚に対する信用度が、なんと一八パーセントしかない。そして、治安を担う警察官は六三パーセント、教育者である教師は六〇パーセントしか信用されていないのである。

社会意識の弱くなった今日の日本人は、「他人（社会）の役に立とうとしている」人がわずか二〇パーセントと少なく、「自分のことだけ考えている」という人が六七パーセントを占めている。

四〜五歳までの幼児は、古代も今も変わることなく非文化的で動物としての感性や生命力を持っているだけである。しかも、人間の子どもとしての姿、形をしているが、十歳頃まではひ弱な上に利己的であり、文化的な人間ではない。

いつの時代も、動物的人間から社会的・文化的人間になるためには、大人からの訓練（伝承・教育）が必要であり、子ども自らの見習い学習が必要なのである。だから、物事をあまり知らない、生活感や価値観の定まらない子どもに、自主性、積極性、個性などと言って、なんでもかんでも主体的にやらせようとするのは、社会的に自信の持てない大人が逃げ口上として使いがちで、あまりよいことではない。

そんなことを百も承知の上で、日本の大人たちは半世紀以上もの長い間、子どもの自主性、積極性、個性尊重を理想とし、まるで王子・王女を育てるように一人ひとりの状態や課題に応じることが適切な対応だとし、自由・平等・権利を主張する守られる立場の人を育成してきた。

その結果、社会の後継者である青少年の多くが、生活習慣の乱れや体力の低下が叫ばれていると同時に、元気がない、行動力がない、自分勝手で好奇心までもがないなどと言われるようになった。

半世紀以上も合理化と機械化を追求してきた日本は、物は豊かになったが、敗戦国としての〝負の遺産〟的教育が続き、潜在的コンプレックスによって、民族的・社会的な誇りと自信を弱めた。そして、〝新しいことはよいことだ〟、〝消費は美徳〟とばかりに、生活環境を積極的に変化させ、社会的価値基準を失ったのである。その上、各地の文明化や都市化によって地域共同体が崩壊し、地縁が弱くなり、趣味縁が強くなって、郷土愛や愛国心の衰退へと向かっている。

しかもそうした傾向を煽るように、ＩＴ革命の名の下に、小学一年生から徹底してコンピューターを教えることが優先され、社会人としての人間教育のあり方を見失いつつある。

学校教育までも巻き込んだ、現代のインターネットによる情報文明社会は、営利主義に徹している。そして価値観や社会意識の乏しい未熟な子どもたちをも、営利事業の対象としているのである。

三〜四〇年前までの日本では、両親が日本人なら自然に民族的日本人になれたが、今日の国際化した不信社会では、日本で生まれ育った日本人が、自然に社会的日本人、すなわち国民になるとは言えなくなっている。

私たち日本人は、社会・国にとって最も大切な生活文化を共有する社会化・国民化を忘れ、発展のための知識・技能を中心とする個人的学力主義を追い求めているが、社会人としての栄辱を弁えていない人は、協調性や忍耐力、向上心、信頼感が弱く、主体性を失ってフリーターやニートになりやすい。

これからの多様化する国際情勢に対応するには、社会人としての主体性、アイデンティティーを促す生活文化の伝承によって、守る立場に必要な規則・競争・義務感のある社会人を育成することが重要なのである。

二、子どもたちの現状と対応策

(一) 子どもの心理作用に憂慮すべき課題

平成十年六月の中央教育審議会の答申では、『幼児期からの教育のあり方』の中で、「生きる力を身につけ、新しい時代を積極的に切り拓いていく日本人を育てていかなければならない」という指摘を行っている。その上において、社会全体で子どもたちが「生きる力（自ら課題を見つけ、自ら学び自ら考える力、正義や倫理観等の豊かな人間性、健康や体力）」を身につけていくための取り組みを進めることが大切であるとしている。そして、家庭教育の見直しと地域社会の教育力を生かすことから、心を育てる場としての学校教育の見直しが求められている。

こうした状況において、今日の子どもたちの心の成長にとって、憂慮すべき社会的背景として次のような課題がある。

①家庭において

少子化や核家族化等を背景とする機械化・合理化等によるさまざまな日常的生活体験の減少がある。そして、テレビやテレビゲーム、インターネット、漫画、携帯電話等による室内での一人遊びが可能になった。また、親の無責任な放任や過保護・過干渉等の傾向が強い。親子の仲間意識が強く、日常生活に必要な社会性や人間性等の家庭教育が十分になされていない。

②地域社会において

冠婚葬祭や年中行事等による地縁的な連帯感が弱まり、人間関係の希薄化が進み、奉仕、協力、生活、自然体験等が失われている。そして野外伝承遊びもなくなり、地域で群れ遊ぶ集団活動の体験ができなくなった。

③学校において

過度の受験競争や情報化等を背景として、学校生活が〝ゆとり〟のないものとなり、子どもたちにとって学ぶ人間的・社会的目標がなく、友だちとの交流や自己実現の喜びを実感しにくくなっている。

このような社会的背景によって、これからの豊かな科学的文明社会に生まれ育つ少年には、新しい発想による人間教育のあり方が必要になっている。

(二) 子どもたちの特徴

①野外で遊べない子どもたち

私は、一九六四（昭和三十九）年以来、ほぼ毎年二～三回世界各国を探訪し、この四五年間に一四二カ国を踏査した。その過程でかいま見ることができたのは、各国・各地方の子どもたちが年代が進むに従って徐々に野外で遊ばなくなっていたことである。それは、テレビが普及し、家庭生活に大きな影響力を持つに従って、子どもたちが屋内に長く止まる傾向が強くなることによって起こる、世界的な子ども社会の現象であった。

まず最初は、一九六〇年代のアメリカでテレビの普及率が高くなり、子どもたちがテレビを見る時間が長くなっていた。一九六〇年代後半から七〇年代には、日本は全国的にテレビが普及し、テレビっ子たちが野外で群れ遊ぶことが少なくなった。それは、日本の子どもたちが、野外で遊べなくなる前兆であった。

一九八〇年代になると西欧諸国とアジア、アフリカ、中南米の都市にテレビが普及し、子どもたちが野外で遊ぶ姿が見られなくなった。

一九九〇年代になると、アジア、アフリカ、中南米の町といわず村々にまでテレビが普及し、野外に出て活発に遊ぶ子どもはほとんど見られなくなった。と同時に、日本のアニメ産業が隆盛になり、全世界に知られるようになった。

日本のアニメーションの大半が、子どもを主人公にして、大人をからかいぎみの痛快な内容である。それは、いつも大人に従わされている日本以外の国の子どもたちにとっては、大変な驚きと同時に歓喜させられることであった。

テレビを見る子どもたちの価値観や文化観、生活態度までも大きく変えることを知った親、大人たち、特にイスラム教圏の親たちは、日本製アニメーションに反感を持つようになった。そして、そのような番組を見させないよう努力したようだが、電波に国境はなく、阻止する手立てのないまま、子どもたちの関心を逸することはできなかった。

二〇〇〇年代に入ると、地球上の至るところに、テレビやインターネットが普及した。すでに人類の子どもたちは、画一的にテレビやＩＴのとりこになって、屋内で気持ちよく過ごす時間が長くなっている。そして、青少年の多くが、孤独で独善的な心理作用を強く働かせ、利己的で非社会的な犯罪の多い社会的現象が世界的に見られるようになった。わずか半世紀の間に、地球上の子どもたちの遊びが変わってしまったのである。

私がこれまでに見てきた国々の子どもたちが、すでに野外で活発に遊ぶことがなくなり、今では野外で遊べない子が多くなっている。その代わり、選ばれた子どもたちが、サッカーやラグビー、野球等の競技スポーツを、大人の管理下で、決まった時間に、決まった方法で、決まった人数で選手養成的に訓練されているにすぎなくなった。そうした世界的現象の最先端を行っているのが日本の子どもたちでもある。

今日の日本の子どもの多くは、学校から帰るとテレビやＩＴを相手にしたり、塾に通うか習い事に通い、地域社会に遊び仲間のいない生活をしている。また、自然や社会に関わって生活することが著しく減少しているので、風俗習慣や食べ物・飲み物に関する社会体験や知識が少なく、生活用語を知らない。

自然離れや野外で遊ばなくなった子どもは、ぶらんこ、すべり台やボール、バット、グローブ等の遊具があれば遊ぶが、なければとまどう姿がよく見られる。産業の機械化や合理化によって、農業を知らない農村の子どもや野山を知らない山村の子ども、漁業を知らない漁村の子どもたちが多くなっている。そして、共同生活や作業をしたり、生活に必要な技能や言葉・知識を身につけたりする機会と場が大変乏しくなっているし、野外で遊べなくなっている。

②子どもたちの特徴的現象

人は幼・少年時代に、いろいろな体験活動をすることによって、肉体的・精神的な仕組みの基礎・基本が培われる。ところが、自然体験や野外で群れ遊ぶことが少なく、孤独で利己的な今日の子どもたちは、都会・田舎を問わず次のような特徴を身につけている。

イ．社会性や自己責任の概念、他者を思いやる暖かい気持ち、望ましい人間関係を築く力が十分に養われていない。

ロ．情報機器の普及浸透等により、間接情報や疑似体験等の増加による現実社会とバーチャルな世界との区別がはっきりせず、非社会的な考え方や行動が多くなっている。

ハ．大人社会の自己中心的な行動や暴力、性的情報等の氾濫が、少年の心に不安や不満を募らせ、精神的ストレスが多い。

ニ．少年のいじめ、暴力、薬物の濫用等が、非行や暴力の凶暴化を招き、心の成長に強く影響しているので、突然にキレることがある。

ホ．群遊びや自然体験、生活体験の不足により、情緒不安定になりがちである。

（三）新しい発想による対応策

今日の子どもたちの社会的背景や特徴に配慮し、これからの豊かな科学的文明社会に対応する、新しい発想による少年教育のあり方として、次のようなことがあげられる。

イ．温かい家庭づくり

ロ．人間教育としての生活体験の場づくり

ハ．地域社会における体験活動の復活

ニ．学校と地域社会の連携および融合促進

ホ．生活文化習得のための生活体験学園の設置

学校教育にとっては、学力一辺倒ではなく、子どもにとって何が大切かを整理し、教育課程の再編を促すことも必要である。また、今日の情報知の豊かな子どもたちに理屈を説いても効果的ではないので、人間教育・人格教育にとっては、彼らが最も未知な世界である自然または野外での現場で、生活体験を中心とする体験的学習活動が必要になっている。

このような考えの下に、社会人としてよりよく生きるに必要な生活文化を、体験的に習得させる機会と場としての〝生活体験学園〟の設置が望まれている。

三．地域の文教センター〝生活体験学園〟

科学的文明社会に生まれ育つ子どもたちを、よりよい社会人に成長させるために、新しい教育観によって、日常的な地域社会で行う集団宿泊生活体験学習、すなわち〝生活体験〟をさせるのが生活体験学校である。そのような活動が日常的にできる施設を学校や廃校または都市公園や広場の中に設置した場所を〝生活体験学園〟と呼ぶのである。生活体験学園は、地域の文教センターとして多くの学校が年間を通じて共同利用する。このような生活体験学園は、これからの都市化する居住地域に必要

になる生活体験学校と公園・庭園・農園等を兼備した教育施設である。
その教育施設の内容は次のようである。

①設置施設

簡易宿泊棟、自炊棟、管理棟（事務室・会議室・食堂・浴室・洗面所）、研修・工作棟、ボランティア棟、田畑、果樹園、池、森、遊び広場、民家、野営地、便所、その他

②敷地面積

五〇〇〇～九〇〇〇平方メートル

③宿泊定員

五〇～八〇名

そこで、生活体験を中心に活動する生活体験学園を、次のように定義する。
「日常の家庭生活とは異なる自炊による集団宿泊生活体験を通して、心身の発達を促し、基本的な生活習慣を身に付けさせると共に、仲間と助け合って生活することの楽しさ・難しさ等を気付かせ、遊びや物造りを通して、人間性や社会性を豊かに培わせる教育施設」

なお、生活体験学園の施設構想は次頁の図（図5「生活体験学園 構想図」）のようである。

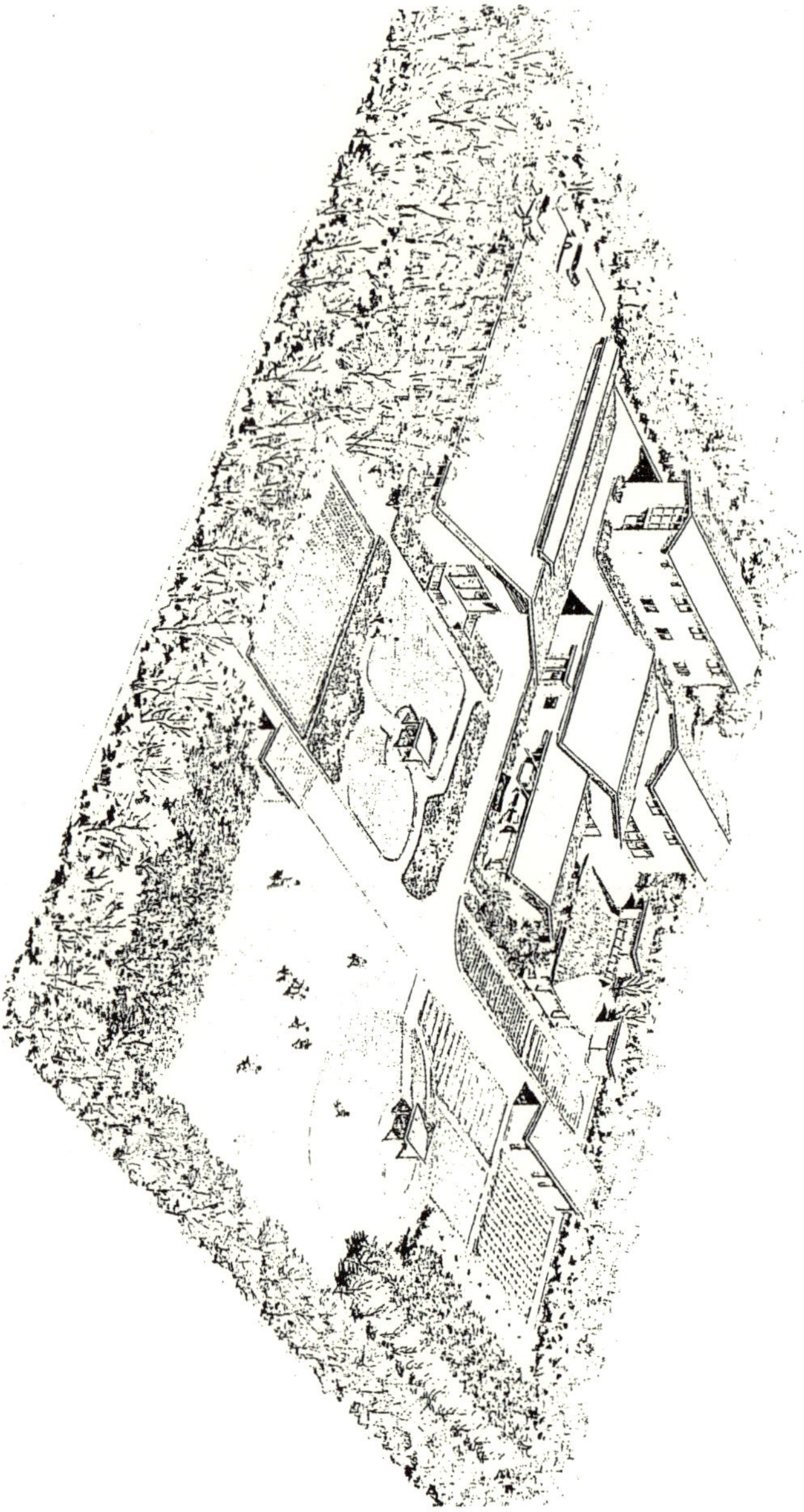

■図5 生活体験学園 構想図 2007年3月9日

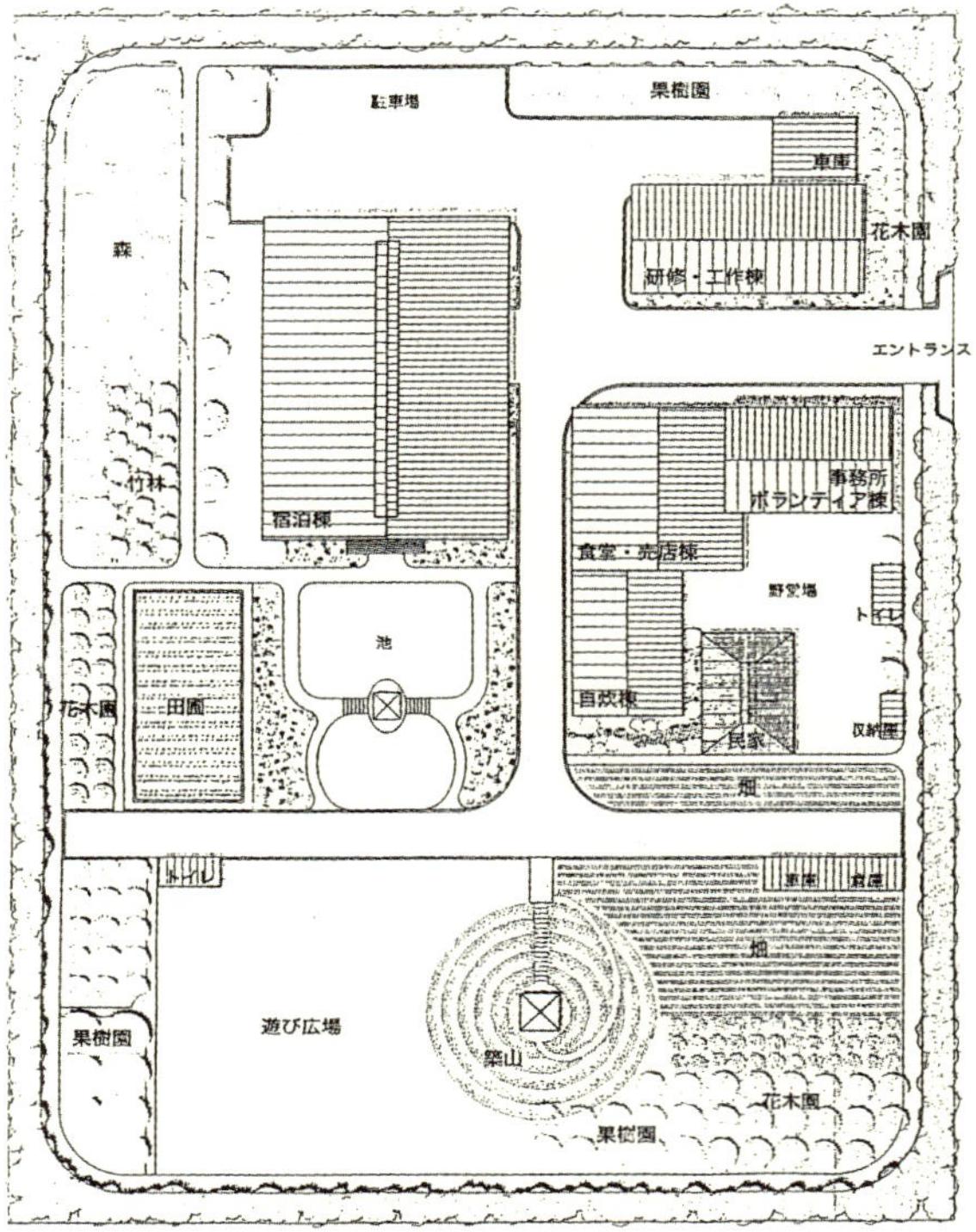

生活体験学園　全体配置図　S=1/300　想定敷地面積：4,800m²（60m×80m）

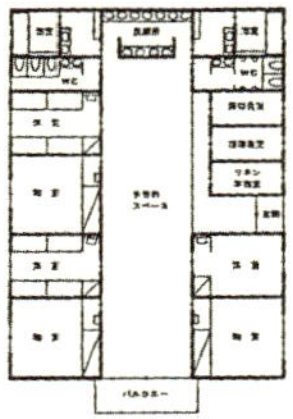

S=1/300
宿泊棟平面図

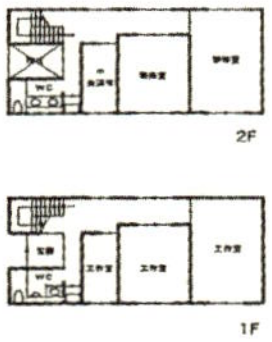

S=1/300
研修・工作棟平面図

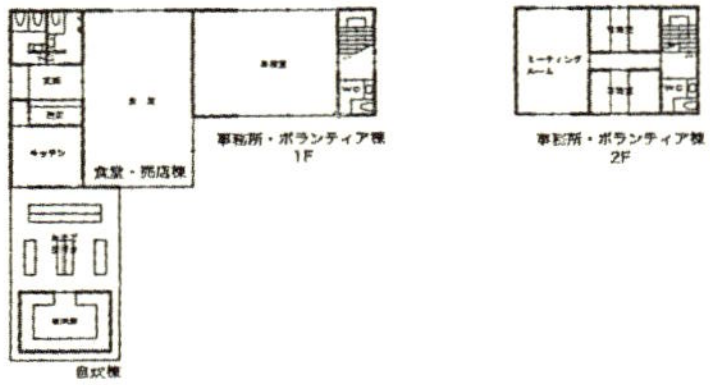

S=1/300
食堂・売店棟、事務所・ボランティア棟、自炊棟平面図

四．生活体験学園の役割と目標

(一) 生活体験学園の役割

生活体験学園は豊かな人間性や社会性の育成を目指して、「心の教育の充実」と「生きる力の向上」を図る。近隣の多くの学校が五～一四日間共同利用する生活体験学園は、次のような役割を果たすことが望まれる。

①地域社会としての自然や社会環境を生かした体験活動の充実

仲間たちと苦労して道具を作ったり、使って遊んだり、作物栽培等による自然の素材を使って自炊する宿泊生活体験を通して、成功や失敗を繰り返しながら会話の仕方や生活の知恵を身につけさせる。

②家庭のようなゆとりのある温かい生活の場づくり

自主性や社会性を養い、豊かな人間性を養うには、親と離れて自炊を中心とする家庭的な集団宿泊生活体験が重要である。それだけでなく、親子が共に体験することも、親が子どもの生活のあり方を問い直すことも必要だ。

③教科書教育との融合促進

小学校の教室が生活体験学園に移動したり、通学したりして、午前中は担任一人で教科書教育をし、午後を自由時間とする。中学校は滞在中の教科書教育に支障が生じる場合には通学合宿とし、放課後を自由時間として、朝食・夕食を共にする。学校教育にとっては、学力一辺倒ではなく、生活力や人間力を高めるため、子どもにとって何が大切かを整理し、教育課程の再編を促すことも必要である。

（二）生活体験学園の目標

人類がまだ経験したことのない、これからの科学的文明社会に対応する新しい教育観によって、家庭・地域社会・学校を兼ねた生活体験学園での五～一四日間の〝生活体験〟を通して「生きる力」や「感じる心」を育み、社会人としての調和の取れた成長を促す。また、親および地域の人々と共に行う具体的な体験活動を通して、生活文化を伝承し、社会性を培う。他者を思いやる心や道徳心・正義感・言語能力・愛・忍耐力・美しい物や自然に感動する心等の人間性を豊かに培う。人間力の向上を促して、郷土を愛するよりよい後継者、社会人を育成する。このような社会人準備教育を充実・発展させるためには、地域社会を活性化する〝生活文化センター〟的な役目も兼ねる。

五．生活体験学園の活動と日程

（一）活動内容

日常生活が営まれている市街地に設置される生活体験学園の主な活動内容は、次のようである。

①共同宿泊生活体験
②自炊
③体験的学習活動
④通学合宿
⑤親子生活体験

生活体験学園での少年たちの活動は、原則として午前中は学校と同じ教科書教育とするが、場合によって午後二時半まで延ばすこともできる。また、一日中自由時間とすることも可能である。

教科書教育の中に〝総合的な学習〟の時間は、あえて組み込まなくても、自由時間において子どもたちが自主的に行うよう仕向ければよいし、体育はスポーツやレクリエーションを中心とするのではなく、素朴な野外伝承遊びや自然探索などを教えると、共通認識によって、子どもたちが自由時間に集団で行うことができる。

いずれにしても、教科書教育が周囲の環境活用や認識に通じる実学的な内容であれば、子どもたちは自由時間に応用することができ、理屈と具体的な実践活動が結びつき、活動の内容を高め、目的を効果的に達することができる。ここで大事なことは、何をしてもよい自由時間を作ってやることである。

大きな公園の一部としての生活体験学園の場合は、比較的自然環境に恵まれているので、学校と異なる環境を活用する実践教育を考え、人間教育としての内容をより豊かにし、子どもたちが集団生活になじめるように配慮することが必要である。

午前中の各教科の内容は、担当教員の判断で決めればよいのだが、学校や学園の環境的特徴を生かすことが重要で、画一化する必要はない。

一日の活動内容は、午前六時に起床し、八時半から十一時半までを午前の教科書教育の時間とする。午後は一時半から四時半までを自由活動とし、夜は七時から八時半までを自主学習として、十時に就寝とすることを基本とするが、時と場合によって変更すればよい。

自由活動は全く自由でもよいのだが、仕掛けとしての主な内容は、①自然体験、②農作業体験、③食料保存や加工、④道具作り、⑤野外伝承遊び、⑥日常的なひもの結び方、⑦奉仕体験・地域踏査、等がある。

(二) 生活体験学園での活動期間

①小学四年生　　四泊五日
②小学五〜六年生　四泊五日〜六泊七日
③中学一〜二年生　六泊七日〜八泊九日
④高校一〜二年生　六泊七日〜十三泊十四日
⑤親子　　二泊三日〜四泊五日

(三) 小・中学生の日程

小学校の日程の組み方は五日から七日とするが、小学校三年生以下では、まだ自己管理能力が十分発達していない子どもが多いので、五日以上の生活体験は、四年生以上とした方が望ましい。中でも五年次に行うことが理想である。

四年生は四泊五日が、五〜六年生は五泊六日が、中学生は六泊七日が望ましいのだが、今日では学校週五日制になっているので、一般的に四泊五日が最も実施しやすい日程である。

実施例として、次頁以下の表のような日程の組み方がある（表3〜5）。

■表３　４泊５日の内容（小学４～５年生）

<table>
<tr><th></th><th>第１日</th><th>第２日</th><th>第３日</th><th>第４日</th><th>第５日</th></tr>
<tr><td></td><td>生活を創る</td><td>自然に
働きかける</td><td>道具を作る</td><td>遊ぶ</td><td>まとめ</td></tr>
<tr><td>6：00</td><td></td><td>起床・洗面
自炊</td><td>起床・洗面
自炊</td><td>起床・洗面
自炊</td><td>起床・洗面
自炊</td></tr>
<tr><td>8：30</td><td>開園式
教科学習</td><td>教科学習</td><td>教科学習</td><td>教科学習</td><td>教科学習</td></tr>
<tr><td>11：30
12：00</td><td>昼食</td><td rowspan="2">自炊</td><td rowspan="2">自炊</td><td rowspan="2">自炊</td><td>昼食</td></tr>
<tr><td>13：00</td><td rowspan="2">教科学習</td><td>13：00　まとめ</td></tr>
<tr><td>13：30</td><td>教科学習</td><td rowspan="2">自由時間</td><td rowspan="2">自由時間</td><td>14：00　清掃</td></tr>
<tr><td>14：30</td><td>自由時間</td><td>自由時間</td><td>15：00　閉園式</td></tr>
<tr><td>16：30</td><td>自炊</td><td>自炊</td><td>自炊</td><td>自炊</td><td rowspan="4"></td></tr>
<tr><td>19：00</td><td>自習
親役の大人と生活を創る</td><td>自習
親への手紙書き</td><td>自習</td><td>話し合いの時間</td></tr>
<tr><td>20：30</td><td>入浴・清掃
自由時間</td><td>入浴・清掃
自由時間</td><td>入浴・清掃
自由時間</td><td>入浴・清掃
自由時間</td></tr>
<tr><td>22：00</td><td>就寝</td><td>就寝</td><td>就寝</td><td>就寝</td></tr>
</table>

■表4　5泊6日の内容（小学5～6年生）

	第1日	第2日	第3日	第4日	第5日	第6日
	生活を創る	自然に 働きかける	道具を作る	遊ぶ	楽しみを 共有する	まとめ
6：00 8：00	生活体験学園 到着	起床・洗面・ 布団上げ 自炊	起床・洗面・ 布団上げ 自炊	起床・洗面・ 布団上げ 自炊	起床・洗面・ 布団上げ 自炊	起床・洗面・ 布団上げ 自炊
8：30	開園式 教科学習	教科学習	教科学習	教科学習	教科学習	教科学習
11：30 12：00	昼食	自炊	自炊	自炊	自炊	昼食
13：00	教科学習					13：00 まとめ
		13：30 教科学習	自由時間	自由時間	自由時間	14：00 清掃
14：30	自由時間	自由時間				15：00 閉園式
16：30	自炊	自炊	自炊	自炊	自炊	
19：00	自習 親役の大人 と生活	自習 親への手紙 書き	自習	自習 話し合いの 時間	自習 話し合いの 時間	
20：30	入浴・清掃 自由時間	入浴・清掃 自由時間	入浴・清掃・ 洗濯 自由時間	入浴・清掃 自由時間	入浴・清掃・ 洗濯 自由時間	
22：00	就寝	就寝	就寝	就寝	就寝	

■表5　6泊7日の内容（中学1～2年生）

	第1日	第2日	第3日	第4日	第5日	第6日	第7日
	生活を創る	自然に 働きかける	道具を作る	遊ぶ	楽しみを 共有する	遊びを競う	まとめ
6：00 8：00	生活体験学園到着	起床・洗面・ 布団上げ 自炊	起床・洗面・ 布団上げ 自炊	起床・洗面・ 布団上げ 自炊	起床・洗面・ 布団上げ 自炊	起床・洗面・ 布団上げ 自炊	起床・洗面・ 布団上げ 自炊
8：30	開園式 教科学習	教科学習	教科学習	教科学習	教科学習	教科学習	教科学習
11：30 12：00	昼食	自炊	自炊	自炊	自炊	自炊	昼食
13：00	教科学習						13：00 まとめ
		13：30 教科学習	自由時間	自由時間	自由時間	自由時間	14：00 清掃
14：30	自由時間	自由時間					15：00 閉園式
16：30	自炊	自炊	自炊	自炊	自炊	自炊	
19：00	自習 親役の大人と生活	自習 親への手紙書き	自習	自習 話し合いの時間	自習 話し合いの時間	自習 話し合いの時間	
20：30	入浴・清掃 自由時間	入浴・清掃 自由時間	入浴・清掃・ 洗濯 自由時間	入浴・清掃 自由時間	入浴・清掃・ 洗濯 自由時間	入浴・清掃 自由時間	
22：00	就寝	就寝	就寝	就寝	就寝	就寝	

六．学校教育との指導分担

（一）学習指導

○期間中の教科書教育は、学校の日課表に基づいて各担任が計画し、実施する。小学校の授業は、担任一人いれば行うことができる。近ければ通学してもよい。

○必要に応じて生活体験学園管理側の専門職員や研修指導員が、補助的に参画する。

（二）生活や体験活動の指導

○教科書教育による学習指導以外は原則として生活体験学園の職員と研修指導員が当たる。

○夜間の学習および就寝指導は、専門職員または、ボランティアの学生や大人が当たる。

○夜間の病気その他の対応として、学校側から教員一名が宿泊する。

（三）食事について

○自炊以外の食事は食堂で食べる。

○自炊は自炊棟を使い、研修指導員の指導を受ける。教員は補助的に参画してもよい。

（四）その他

○子どもの自立を促すため、少年たちが活動する期間中は保護者の訪問や電話等の問い合わせを自粛してもらう。

○学校側は教科書教育に関することに責任を持ち、その他の自由時間については生活体験学園側が責任を持つ。

○教職員は、教科書教育または学校の授業の時だけ教員で、他の時は、一般的大人・兄姉の立場とする。

◆参考文献

『文化人類学の世界』クライド・クラックホーン、講談社、一九八二（昭和五七）年、第一一刷。

『野外文化論』森田勇造、学習研究社、一九八七（昭和六二）年。

『子どもと自然』河合雅雄、岩波書店、一九九三（平成五）年、第一一刷。

『野外文化教育入門』森田勇造、明治図書、一九九四（平成六）年。

『ことばと文化』鈴木孝夫、岩波書店、一九九五（平成七）年、第四三刷。

『人間であること』時実利彦、岩波書店、一九九六（平成八）年、第四九刷。

『教育とは何か』大田尭、岩波書店、一九九八（平成一〇）年、第二二刷。

『野外文化教育の体系化に関する研究』森田勇造、青少年交友協会、二〇〇二（平成一四）年。

『少年期に必要な生活体験の理論と実践』生活体験プログラム開発委員会編、国立信州高遠少年自然の家、二〇〇三（平成一五）年。

『少年期に必要な体験活動と指導のあり方』体験活動と指導のあり方に関する調査研究委員会編、国立信州高遠少年自然の家、二〇〇四（平成一六）年。

『日本の体験活動三六年の歩み』――青少年交友協会三十周年記念誌――、青少年交友協会、二〇〇四（平成一六）年。

『生活学校の実践と調査報告』国立信州高遠少年自然の家、二〇〇五（平成一七）年。

『人間力を高める特別活動としての野外文化教育』森田勇造、青少年交友協会、二〇〇六（平成一八）年。

『安全・安心とこころの保障』森田勇造、世論時報社、二〇〇八（平成二〇）年。

『生活体験学校に関する調査研究報告書』青少年交友協会、二〇〇八（平成二〇）年。

あとがき

周囲を海に囲まれて南北に長い日本列島の自然環境は、大陸の国々に比べて大変複雑で、四季折々に微妙な変化をする。その影響を受けてきた生活文化は多種多様で、日本人の思考や行動、それに生活態度をも複雑で繊細にさせてきた。

古代からの日本の人間教育（社会人育成）は、家庭や地域社会において、日常の生活活動や冠婚葬祭、年中行事等の社会活動を通じて、四季折々の自然との共生の仕方でもある生活文化を教え、伝えることが中心であった。しかし、現代の日本は家庭や地域社会の教育力が衰退し、アメリカナイズされたこともあって、この半世紀近くもの間、金銭や物、そして発展のための経済活動に追われて、合理的で科学的・技術的な文明に対応する知識や技能を教え、伝えることが中心になっていた。

ところが、この数年前から市場経済中心の資本主義や科学的文明社会に行き詰まり感が生じ、やっと自然との共生の重要性が再認識され始め、よりよく生きるための生活文化の必要性や環境問題が叫ばれるようになった。しかも、その環境は昭和四十年代に始まった、アメリカ的科学・技術文明が作り出した結果的社会現象としての公害環境ではなく、心豊かに生活するための自然環境である。

そして、持続可能な開発、発展、環境、社会等が話題になり、科学的な文明社会に対応する生き方が問われるようになって、生きる力や感じる心等、人間力向上が叫ばれるようになった。

いまや、地球温暖化問題等によって、科学的産業社会のあり方が問われ始め、本来の農業や林業、漁業等の自然との共生理念を現代的に活用する方法を考案し、持続可能な生き方を具体的に実践する必要に迫られている。そのためには、まず、少年期の教育から始めることが重要なのである。

その少年教育の方法の一つが、新しい教育観による野外文化教育としての体験活動である、との思いに駆られて、本書を書き始めた。

前半の1、2、3章は平成二十年初めに書き上げ、後半の4章の〝生活体験の実践〟は、平成二十一年春に書いた。5章の〝生活体験学園の構想〟は、平成十八年に書いた内容を手直しした。そして、その構想図は、平成十九年二月に、社団法人青少年交友協会理事の鹿島昭一氏にお願いし、私の原案を鹿島建設（株）の技術者に専門的に設計してもらったものである。

これからの少年たちが、文明社会の市街地で、生活文化を日常的に身につけられる教育施設である「生活体験学園」が、実際に設置される日が一日も早く来ることを願ってやまない。

なお、本書を出版するに当たり、三和書籍の高橋考社長には大変お世話になった。心からお礼を申し上げるとともに、拙著が、これからの豊かな科学的文明社会に暮らす人々が、安全・安心を感じられる一助になることがあれば幸いである。

平成二十一年十一月三日　東京都杉並区今川にて

森田　勇造

森田　勇造（もりた・ゆうぞう）

1940年高知県宿毛市生まれ。1964年以来、世界の諸民族の生活文化を踏査し続ける。同時に野外文化教育の研究と啓発、実践に努め、青少年の健全育成活動も続ける。元国立信州高遠少年自然の家所長。現在、社団法人青少年交友協会理事長、野外文化研究所所長、野外文化教育学会顧問、国立大学法人東京学芸大学客員教授、博士（学術）。

【主な著作】
『未来の国オーストラリア』『日本人の源流を求めて』『「倭人」の源流を求めて』『チンギス・ハンの末裔たち』（以上講談社）、『わが友“騎馬民”』『シルクロードに生きる』『野外文化論』（以上学研）、『これが世界の人間だ』（青春出版社）、『世界再発見の旅』（旺文社）、『天葬への旅』『地球を歩きながら考えた』（以上原書房）、『アジア大踏査行』（日本文芸社）、『秘境ナガ高地探検記』（東京新聞出版局）、『日本人からの出発』（日本教育新聞社）、『自然とともに生きる人づくり』（第一法規）、『大人になるための心得』（サイマル出版会）、『「生きぬく力」を育てる』（くもん出版）、『ユーラシア二十一世紀の旅』（角川書店）、『野外文化教育入門』『野外文化教育の展開』（以上明治図書出版）、『アジア稲作文化紀行』（雄山閣出版）、『生きる力』（ぎょうせい）、『安全・安心とこころの保障』（世論時報社）など多数。

野外文化教育としての体験活動
――野外文化人のすすめ――

2010年 2 月 10 日　　第1版第1刷発行

著　者　　森　田　勇　造

発行者　　高　橋　　考
発行所　　三　和　書　籍

〒112-0013　東京都文京区音羽2-2-2
TEL 03-5395-4630　FAX 03-5395-4632
sanwa@sanwa-co.com
http://www.sanwa-co.com/
印刷／製本　　モリモト印刷株式会社

乱丁、落丁本はお取り替えいたします。価格はカバーに表示してあります。
ISBN978-4-86251-075-4 C3037